# 孩子好养

马健 马泽 著

译林出版社

**图书在版编目（CIP）数据**

孩子好养 / 马健，马泽著. —南京：译林出版社，2015.1

ISBN 978-7-5447-5180-3

Ⅰ.①孩… Ⅱ.①马… ②马… Ⅲ.①家庭教育 Ⅳ. ①G78

中国版本图书馆CIP数据核字（2014）第288422号

**书　　名** 孩子好养
**作　　者** 马　健　马　泽
**责任编辑** 陆元昶
**特约编辑** 何　婷
**出版发行** 凤凰出版传媒股份有限公司
译林出版社
**出版社地址** 南京市湖南路1号A楼，邮编：210009
**电子信箱** yilin@yilin.com
**出版社网址** http://www.yilin.com
**印　　刷** 三河市华润印刷有限公司
**开　　本** 710×1000毫米　1/16
**印　　张** 18.75
**字　　数** 195千字
**版　　次** 2015年1月第1版　2015年1月第1次印刷
**书　　号** ISBN 978-7-5447-5180-3
**定　　价** 38.80元

# 目 录

## 蓝颜知己型父女关系（推荐一）

关于父女关系，《海蒂报告：家庭篇》中写道："女儿们通常用极端的方式来描绘她们的父亲以及她们对父亲的感受。他要么是最令人称道的父亲，要么就是一个大怪物，很少处于这两者之间。"并且，大部分女儿对父亲都存有相互矛盾的情感：亲密和疏远、畏惧与渴望、赞赏与愤懑。海蒂将这种现象的原因归结为对性的神经过敏，而过敏的结果，则是"在父亲与女儿之间，隔膜、怄气、失望、不理解以及互存敌意等现象普遍存在"。

在分析大量案例的基础上，海蒂认为，可以在父亲与女儿之间发展出一种新型的父女关系。在这种关系中，父亲突破传统藩篱，向女儿提供了一种现实的、不排斥母亲也不与母亲竞争的关系；而女儿则发自内心地欣赏父亲的聪明才智，原谅他的缺点，关心他的健康。从马健所晒的父女关系中，我们可以看到，他和女儿的关系，正是海蒂所说的新型父女关系。如果将父亲比喻为女儿的"蓝颜知己"，则形象地表现了这种新型父女关系的基本特点。

那么，什么是"蓝颜知己"呢？有人将这种关系称为亲情、友情、爱情之外的第四种情感，是一种比朋友（友情）多一点、比爱人（爱情）少一点的微妙关系；也有人将"蓝颜知己"描述为对某个女人的精神产生重要影响的人，这个人不一定年轻，也不一定英俊，但在将其奉为知己的女人心目中，他通常是睿智的、成熟的、善解人意的。

本书采用纪实性叙事的方式，为读者生动地展现了一个个真实的教育案例。从这些案例中，读者可以清楚地看到，一个从事亲职教育实践的心理咨询师是如何身体力行地将心理学的知识和技能用于自己对女儿的教育之中的，这些“特殊”的教育方式又对女儿的成长历程产生了怎样的影响。

说马健采用的教育方式是“特殊的”，并不是因为采用这些教育方式的是一位专业的心理咨询师，而是因为这些教育方式不被大多数父亲所采用。而多数父亲没有采用这些教育方式，也不是因为他们缺乏专业的心理学知识，而只是因为他们受传统藩篱的束缚，没有成为女儿的蓝颜知己。因此，作为父亲，只要能摆脱性别的顾虑，与女儿建立起蓝颜知己的新型父女关系，就能够理解本书的教育案例中所包含的基本原则，并能用于自己的家庭教育实践之中。

那么，本书所包含的针对女儿的基本原则到底是什么呢？作为马健的“厚颜知己”，作为一位从事学习心理研究与教学的专业人员，更作为一位女儿（比马健的女儿大 2 岁）的家长，我对本书所传达的教育孩子的原则主要有以下三点认识。

首先，不娇惯孩子，给孩子自由。有人说，懒惰是人的天性。这一说法为家长娇惯孩子提供了理论依据。但事实上，绝大部分懒惰行为都是家长娇惯出来的。并且，家长的娇惯不仅害了孩子（使孩子缺乏自理能力，难以在社会自立），而且最终害了自己（使自己陷入无休止的照顾孩子、护佑孩子的繁琐事务之中）。不娇惯孩子，意味着给孩子更大的空间、更多的自由；意味着让孩子自己设定目标、制订计划、管理时间；意味着在孩子遇到困惑和困难时，让他们自己找答案、想办法；意味着在孩子成长的各个阶段，允许他们自己选择朋友、发展特长、选择文理科、确定专业和职业……

其次，让孩子学会理性思考。一般而言，父亲的理性思考最能对女儿的学习和生活提供实际的帮助，也最能得到女儿的尊重和佩服。然而，自己能做到理性思考是一回事儿，让孩子（尤其是女儿）学会理性思考，则是另外一回事儿。让孩子学会理性思考，意味着不仅在写作中注意字斟句酌，而且在日常生活中做到言简意赅；意味着在考试失利和生活遇到挫折时学会正确归因；意味着在人际交往中能克服自我中心，学会从他人角度思考问题；意味着在学习和生活中遇到困惑时，能坚持用事实说话，杜绝偏听偏信。

第三，走进孩子的情感世界。有一首歌唱道："女孩的心思男孩你别猜，你猜来猜去也猜不明白。"这首歌是女生唱给同龄的男生的。作为女儿的蓝颜知己，父亲不仅要猜女儿的心思，更要创造条件，引导女儿主动将自己的心思向你说出来。

要想猜对女儿的心思，要想让女儿对自己诉说心声，你就要走进孩子的情感世界。走进孩子的情感世界，意味着在犯下错误时能放下父母的架子，主动向孩子道歉；意味着聆听孩子的唠叨，分享她的快乐、悲伤和痛苦；意味着向孩子敞开心扉，讲述自己的情感故事；意味着关注孩子的爱好与特长，与她共同听歌、玩游戏、读书、旅行……

以上原则，既是对本书部分案例的解读，也是我自己培育女儿的经验。以上原则的基础和核心，就是父母能够成为孩子最重要的朋友。

希望读者能够通过阅读本书有所收获，也祝愿天下所有的父母都能与孩子建立起新型的父母关系，成为促进孩子健康成长的家庭教师和心理顾问，为女儿一生的幸福生活奠定坚实的基础。

心理学博士　李亦菲[①]

2011 年初冬于北京师范大学

① 李亦菲，中科院心理所心理学博士、硕士生导师，目前就职于北京师范大学，教授《青少年发展与教育》、《教育心理学》、《学校心理学》等课程。

# 亦知亦行，始得家庭教育的趣味（推荐二）

家庭教育的真谛是什么？每一个成功的家庭教育都会提供不同的答案。在汗牛充栋的家庭教育著作中，选择任何一本家庭教育著作，细细品读，都能够从中获得启发，觉得它说得在理，值得借鉴。但，回到每个家庭具体的场景中却又觉得自己所看、所思的方法与策略难以应用，久而久之对这些看起来激情澎湃用起来手足无措的家教宝典失去了兴趣。有类似感受的不乏其人。何也？是他人的家庭教育宝典失去借鉴价值，还是阅读者自身出现问题？似乎两者兼而有之。这种知行分离的尴尬情形值得我们反思，更值得我们去破解。

马健老师这部新作能否破解读者的这种困惑和难题，我不好推测。但，注重求知、重视行动却是马健老师给我留下的最深刻的印象。马健老师作为在家庭教育方面颇有见解和收获的探索者，他的新作给我这个9岁女孩的父亲以强烈的冲击。他以负责的态度、积极的心态、进取的精神、谦和幽默的风格去对待自己的家庭，积极塑造着一位好父亲的形象。这种积极进取努力做一位好父亲的精神情怀值得感佩。在当下，每一位成年男子不需要领取父亲上岗证书便可以顺利晋级为父亲。这种身份来得很简单，很自然。但做了父亲的成年男子不求知，不反思，不行动，以为自己有知识、有阅历，教育孩子还不是小菜一碟、举重若轻？具有这样想法的父亲不乏其人。

反观周遭的父亲们，泰然自若地承受着做父亲荣耀的多，小心翼翼努力求知和行动反思的少。面对这种情形，对照本书的作者，我有几许的担忧。

没有经过系统培训和取得驾照就驾车上路者会有车毁人亡的危险，没有获得必要的家庭教育知识技能便贸然履行父亲职责的同样也有伤己害人的危险。其实，孩子从诞生的那一刻起便像一架摄像机，全方位地记录和记忆着我们做父亲的一举一动，他（她）通过摄取的“影像”建构出父亲的概念，形成父亲的形象。在长期的家庭生活中，好父亲的言谈举止被孩子“拍摄成像”后形成的父亲形象与不合格父亲的形象对孩子成长的影响是迥然不同的。好父亲的形象促使子女健康地成长，顺利完成其性别社会化的任务。反之，却不能达到如此的功效。在好父亲的长期示范教育下，男孩会以此为参照来塑造自己的理想形象，女孩也会在心目中树立好男人、好丈夫的形象，这会提高女孩甄别男人素质高下、品质高低的判断力，增强女孩将来组建美满幸福家庭的信心和能力。调查结果显示，每一位阳光、果敢、富有担当男孩的身边不乏一位合格父亲的长期示范教诲；每一个自信、坦然而有判断力的女孩的家庭里少不了一位宽厚豁达、智慧而有意志力的父亲。有研究表明，小学高年级之后，父亲对子女的影响日益超过母亲的影响力。由此可见，做一位好父亲对子女的健康成长、对家庭的和谐幸福是多么必要和重要。

知易行难。做一位好父亲对子女成长和家庭幸福的重要性可谓人尽皆知。然而，一个没有做好思想准备和相关知识储备的成年男子刹那间成为父亲后，展示自己是一位好父亲的形象又是何其不易。马健老师在17年的探索中向我们展现了一位好父亲是如何在平凡的生活中修炼成功的。其在塑造好父亲的过程中，有诸多的细节、诸多的事件渗透着为人父者的反省、自律、豁达、智慧和关爱，这些事件很细致，很温馨，体现着为父者孜孜不倦的追求。马健老师不断汲取家庭教育和青少年心理发展方面的新知识，不断滋养自己，不断将家庭教育新观念、新方法付诸教育女儿的实践中，努力去做一位让女儿健康、智慧成长的好父亲。他这种求知的精神、实践的智慧启发我们如何成为一位好父亲。

在家庭教育方面，亦知亦行，知行合一，方可成为一位让子女引以为豪的好父亲。积极获取家庭教育的新观念、新知识、新技巧，全面掌握青少年心理发展的规律和特点是搞好家庭教育和做一位成功家长的基本前提。父亲的求知是多方面的，既要品味丰富多彩的家庭教育案例，又要阅读家庭教育的新理念、新理论，只阅读成功家庭教育的案例是远远不够的。每个成功家庭教育的案例都是基于该家庭的实际情况，具有该家庭的个性特点。这种个性化的东西照搬到自己的家庭中来也未必合适。因而，了解家庭教育的一般原理和成功案例还是不够的，要做一位成功的好父亲，还需要结合自己的家庭实情对现有的方法策略进行创新，让普通的原理和他者的经验经过创新后切合自己家庭的实际，推动自己家庭教育的成功。在这个世界上，家庭文化的丰富多样性和差异性也让家庭教育方法策略变得丰富多彩和富有个性。轰动世界的“虎妈”蔡美儿，其育人理念和方法与尊重孩子的蔡真妮是截然不同的，但他们的育儿实践都是行之有效的。由此观之，家庭教育是一个大学问，有无限的潜力可以挖掘。在汲取他人智慧的基础上，我们要学会改造创新，融合自己的家庭教育理念和价值取向，建构出一个别具一格又富有成效的家庭教育新模式。

相信酷爱阅读和反思进取的你一定能在亦知亦行、知行合一的创新实践中悟得家庭教育的真味。

教育学博士　夏仕武[①]

2011年11月于中央民族大学

① 夏仕武，北京师范大学教育学博士、硕士生导师，目前就职于中央民族大学教育学院，担任《家庭教育学》、《教育心理学》、《教育学》等课程的教学工作。

# 作者序

“女儿是父亲的上世情人”，这句话反映了父亲对女儿无微不至的关怀和无条件的爱是一种普遍现象。但到底怎样做一个充满爱心的好父亲，许多人采取摸着石头过河的方法。在情绪失控之下还可能采取极端的教育措施，尽管如此，其借口也是缘于对孩子真挚的“爱”。

自始至终我未设想过要刻意把女儿培养得多么出类拔萃、与众不同，但“养不教，父之过”时常在我耳边响起，网友热评的“四大名爹”也印证了人们倾向于将子女行为和道德问题归因于父亲教育的失当。我只想尽自己的努力让女儿不要因我的教育方式和方法不当而变得太“差”或“落后”，将女儿培养成为一位积极乐观、有独立思考和行为能力、能够承担她自己责任和义务的普通大众，“把孩子培养成普通人”即是我追求的目标。

事实上，如果您参加家长会，就能发现关注孩子成长的是母亲大军。如果您注意观察身边的同事和朋友，在孩子身上投入较多时间的还是母亲。父亲一直处于助手位置，似乎在外打拼事业才是男人自由的天空。

在家庭教育中，母亲是土壤，父亲是阳光和空气。比较而言，孩子与母亲的关系中依恋的意味更浓重一些，种子扎根并依存于土壤。而父亲提供阳光和空气，离开阳光和空气，再好的种子也不能健康成长。所以，母亲给予子女强大的成长环境，父亲为子女提供成长必备的条件，二者相互配合。如果父亲提供的空气是被污染的、阳光也不充足，孩子这粒种子在生长过程中，可能会出现各种各样的问题。在子女不同的成长阶段，也许我们暂时看不到因评价标准不同而掩饰的一些未经暴露的问题。在以学业成绩评价学生的时期，也许子女成绩好可以掩盖心理或生理方面的问题，但在评价标准改变了的情况下，问题就会愈发显得严重了。如父亲时常不回家，子女也许在以后的婚姻家庭生活中会模仿父亲的生活方式，或者将父亲对子女的教育方式在自己的生活中重演一遍。在家庭教育中，父母缺一不可。

带着幸福与欣喜迎来了小生命后，家长如何在之后的岁月里对其保持一种亲密的陪伴，是个令人深思的话题。家长渴望为孩子提供一片自由的天空，期待孩子能有更大的进步和美好的人生，但在对未来的美妙展望中，如果行为与目标不能一致，将引出亲子间的激烈冲突。

女儿出生就像产品出厂，看到她“配置齐全”，我心中自有一份暗喜，但遗憾的是并没有附带一本详细的使用说明书。基于此，我为渴望索取养育子女使用说明书的朋友，在每章后面的延伸阅读部分罗列出部分共性的话题。

伴随着女儿17年的成长，我一路也跌跌绊绊走来，在她不同的阶段书写过一些信件，现在一一呈现。在她18岁成人之前，完成此书，作为给她的成人礼物，有其独特的含义。

本书的策划人陈伟女士希望找到一位父亲，特别是一位从事心理健康工作的父亲讲讲培养女儿的故事，于是找到了我。经过几番讨论后，我们落实了此选题。

在动笔之前，我突然有了与女儿联袂出版的想法，并为此而激动不已。这样写出来的文字才是最真实的，而不是60后父亲以自己的“老眼光”一相情愿地来描写90后女儿的所思所想和推测她可能的感受。

把这个消息告诉女儿后，她欣然应允，夫人也在一旁表示积极支持，并答应承担更多的家务，让我们倾情投入到创作中。于是我与女儿讨论本书的框架结构以及内容分工，并特别强调要与她一起回忆许多与她成长有关的真实故事，还将过去书写的与女儿有关的原始文字一一呈现。而我撰文中所涉及关于她的对话及态度，要经过她的审稿，确信符合她的语言风格和特点。我们做了以上约定。

每当在家中，我们一家三口就召开家庭会议，一起回想过去的故事：如何营造家庭和谐的氛围、如何进行家庭沟通、父母的示范作用、怎样顺利度过青春期，等等。但每讲一件事情，女儿都感觉太过平淡，她说：“怎么咱家就找不到一件像影视剧中那样轰轰烈烈、激动人心的事呢？”

女儿不经意间的话，却道出了家庭教育中核心的真实和终极秘密。许多家长所做的工作都是润物细无声，在言谈举止之间就起到了教育的作用。

我打开自己的微博，读了如下三段文字给女儿听：

晚上11点多了，节目录制还没有结束，我发条短信向夫人汇报录制进程：“录制进行中，到家会很晚，你们先睡吧。”夫人回复道：“老公，你辛苦了。”当我1点前回到家中时，家门未锁，卧室灯亮着，夫人靠在床上读书，她在等我回家。我感叹：幸福也许就是这样简单，无论你何时到家，永远有个女人在为你守候，为你点亮一盏温暖的灯。

最近讲课安排较多，夫人听到我回到家开始咳嗽，于是转身到厨房。一会儿端上一盘削好的梨块和一杯温开水。感谢夫人对我的呵护，这就是我体验到的家庭温暖。

我永远感谢身边这位一路陪伴我走来的夫人，当年她鲜花盛开一般的年龄和容貌，未嫌弃我人生起步时一贫如洗和路途艰难，她伴我年轻，我陪她到老。

我问女儿对这些内容有何感受。她说："这样的文字没什么新奇，就是家长里短的话。"然后我让女儿看网友的留言。女儿吃惊地说："老爸，您的粉丝们都羡慕您夫妻恩爱、生活浪漫、知恩报恩啊。"

平平淡淡才是真，所有的小事都是家庭最真实的故事，正是过去许多小事累积的因，才造成今天的幸与不幸的果！

这本书中自始至终没有大事发生，通篇读不出惊天动地的故事，也没有特别刻意去设定情景。孩子拥有了好身体就远离了疾病的困扰；养成了良好的学习习惯就能取得较好的成绩；培养了孩子独立能力，他们就能够解决遇到的困难；拥有良好的与人沟通的能力和幽默豁达的态度就能吸引更多的朋友；拥有高情商就能处理好许多事件；学会合理运用和管理时间就不会面对事务手忙脚乱；在青春期前做好了预防工作，此阶段就不再棘手……

市面上关于家庭教育的书籍，近乎通篇充斥着叛逆的案例以及父母的茫然和焦虑；网络之上，映入眼帘的大多是家长教育不当而造成孩子出现多种问题，父母陷入不知如何解决教育问题的困境当中；打开电视，同样能了解到许多不近人情的家庭教育失误个案。

我做过大量的青少年和家庭方面的咨询，深刻体会到家长教育方法不当引起的后果是难以料想的。女儿能够平安健康地成长，与家庭环境和教育方法存在密不可分的关系。

特别强调：本书内容重点记录女儿成长过程中遇到的小问题以及家长采取的应对策略，因我从事心理健康这一特殊工作，每一个教育环节，都是在心理学、教育学理论指导下的具体实践，省去了许多摸着石头过河的尝试。

您读本书时，可能会感觉到就像在客厅里与朋友聊天一样的亲切、自然和温暖，点点滴滴小事的汇集，让您感觉和体会到一位父亲对女儿无条件的爱以及爱的方法。

家庭教育是一个系统工作，我愿通过一系列的小案例，与您交流家庭教育的方法和策略。考虑到家庭教育的普适性，故撰文将儿童成长中的一些共性话题在本书中呈现，起到抛砖引玉的作用。

马　健

2011 年 10 月

# 给女儿测试

周末晚上，我录制完电视节目，一边戴着耳机听着音乐，一边急匆匆从地铁出来，走在繁华的王府井步行街上。大约9点左右，我隐约听到有人在喊："马健老师，马健老师。"

我推测可能是喜欢我的观众朋友，摘下耳机，回头一看，一对母女在我身后。她们俩是：夫人和女儿。

高呼"马健老师"的，是我的女儿依依。

我们一家三口，有说有笑地往家走。路上，我说："今天录节目，我告别了刀耕火种的纸笔测试，终于进入了心理测评新时代了。"并进一步解释说，"我的朋友北京师大英宸心理学应用技术发展中心主任邵然女士经常看到我在电视上为'来访者'们做纸笔的心理测试，于是为我在笔记本上安装了他们最新研制的一套《师大英宸心理测评档案管理系统》软件，以解决计算分数和分析结果的不便。"

依依得知此消息后，对这套软件也很感兴趣。一进家门她就要求我打开电脑向她讲解软件类型，展示操作方法。当我介绍到《瑞文智商测验系统》时，她说小学时好像做过这套题，但不知结果如何，于是要求立即测一下智商，对自己有进一步的了解。

20分钟左右，当她认真做完后，我打开心理测评档案管理系统，向她解释说："这个测验主要针对的是人的天生智力水平，即解决问题的能力、观察力、清晰知觉和思维能力，发现和利用自己所需信息的能力，以及有效地适应社会生活的能力。它相对不受文化的影响，而取决于人们的天赋。从测量结果看：总共60道题目中，你答对了57道。等级95，属一级，测验标准分等于或超过同年龄常模组的95%，为高水平智力，反映出你的智力在同龄人中处于很高水平。”说完，我看到依依脸上闪过一丝愉悦的表情。谁不希望自己是个高智商的人呢？

我继续说：“也要给你一些心理建议：你天资聪颖，有很好的素质。在知识和技能的学习、思维等许多方面具有天生的优势。但你的这些优势可能让你有些过度自信，不够谦虚，不易听取别人的意见建议；在学业上，受兴趣影响很大，容易产生偏科或缺乏恒心。建议你综合地发展自己的能力，博采众长，融会贯通。如果在处理问题时能更多地体贴和理解他人的感受，表达观点时给对方更多的耐心，你或许会有更多的朋友。如果你能合理利用自己的优势，学会更好地与人沟通，你在学业和事业上可能会取得更大的成功。以上这些话，供你参考。”

“我懂，老爸。心理测评软件还可以了解自己的职业倾向，我也做一下测试。”依依说。

于是，我向她推荐《职业倾向系列问卷》并介绍说：“一般来说，人们在择业时主要受三个因素的影响：第一，兴趣：你想做什么；第二，能力：你能做什么；第三，人格：你适合做什么。以此为依据，这套系列问卷由三部分组成：兴趣倾向问卷、个体经历问卷和人格倾向问卷，分别对你的兴趣、能力和人格特点进行测查，帮助你更加全面地了解自己，以便在升学和择业时能够有的放矢。”我设置好程序后，她开始测试。

依依认真做完测评，我教她查找测评结果，并告诉她，她适合从事社会型和管理型的工作。测评详细结果如下：

社会型(S)：

人格特征　社会型的人有较强的社会责任感和人道主义倾向，社会适应能力较强。他们善于与人交往，喜欢周围有别人存在，对别人的事很有兴趣，乐于帮助别人解决难题。这种人喜欢与人而不是与事物打交道。“助人为乐、有责任心、热情、开朗、友好、善良、易于合作”是对他们较好的描述。这类人喜欢社会交往性工作，如教师、医生、护士、公关人员、营销人员等。

职业特征　从事需要更多时间与人打交道的说服、教育和治疗工作。如教师、医生、护士、心理学工作者、社会活动家等。

职业信息　社会学者、导游、福利机构工作者、咨询人员、社会工作者、社会科学教师、学校领导、精神病工作者、公共保健护士。

管理型(E)：

人格特征　管理型的人充满自信，喜欢竞争和冒险。好成为领导者，好支配他人，善辞令，好与人争辩，总试图让别人接受自己的观点。他们不愿从事精细工作，不喜欢需要长期复杂思维的工作。不愿被人支配，不易与人合作。在别人眼中，他们是“敢作敢为的、信心百倍的、乐观的、冲动的、自我显示的、精力旺盛的”。

职业特征　适于从事需要胆略、冒风险和承担责任的活动。主要指管理、决策方面的工作。如经理、推销员、电视节目主持人、政治家等。

职业信息　推销员、进货员、商品批发员、旅馆经理、饭店经理、广告宣传员、调度员、律师、政治家、零售商。

我与女儿一起仔细阅读上述测评结果，向她做了进一步的解释和说明，并与她探讨在所有适合的工作中哪项工作更适合她。

依依说："我会参考测评结果，还需要时间静静考虑一下。"

我说："如果一份工作既符合自己，又能充分利用身边的有效资源，将来事业发展也就更顺利了。我建议你将来学心理学，两年后你参加高考，4 年大学，3 年硕士。我们暂且说你读到硕士，还需要 9 年的时间，我相信那时的你我都会有更好的状态。"

依依说："老爸的建议，我肯定会好好考虑的。"

夫人在一旁答话："你们爷俩说什么呢？快出来吃饭吧，饭桌上接着聊。"

餐桌上，我将测试结果向夫人转达，依依也争抢着做补充。一家三口在餐桌上说说笑笑，愉快地交流着。

夫人说："我一直觉得我女儿优秀，测试只是证实我的判断。"

此时，手机铃声响起，是电视台的编导打来的电话，邀请我近期录制关于是否生二胎的一个谈话节目。

借这话题，我也问女儿："如果可以生二胎，你是否愿意要一个小妹妹或弟弟？"

依依回答："现在我们一家三口，难道不是很幸福吗？"

夫人插话说："我可不生了，养孩子绝不是件容易的事。这教育、经济问题，养孩子和放羊可不是一回事。"

"看来已经有 2/3 反对了，我还没表态呢。"我说，"我也不想要二胎。首先年龄不饶人，另外养孩子是个精细工作，如果没有耐心、毅力、体力和教育方法，会因孩子的到来，使家庭变得一团糟。依依，你已经进入 17 岁了，这些年来我记录了许多你的成长故事。"

"老爸，讲来听听，让我知道自己的过去以及你们如何细心呵护我的重大事件。听你们讲过去的故事，我的感恩之心会油然而生的。”依依说。

“在伴你成长的过程中，我们也得到许多幸福和欢乐。”夫人说。

“今天晚上咱家就开个茶话会，我们一起回忆过去的美好和快乐。当然，你在成长过程中也曾不断地向我们提出过许多发展中的问题，我们必须接受你的挑战。”我说。

依依说：“老爸，看来如果要把我的过去讲清楚，需要占用太多时间，那么，今晚肯定是没戏了，我现在的重要而紧急的事情是把功课完成，不然明天难过的就不是我自己了。马上到国庆节了，咱们充分利用这个假期，回到姥姥家时，我也听听姥姥怎么说。”

我马上接话说：“好啊，咱就过一个有独特意义的国庆节。在你小的时候，姥姥非常用心地养育你。姥姥能讲出更多精彩的故事。敬请期待吧！”

[分享]

每个家长都希望自己孩子的智商是超常的，这是一种美好的愿望。人的智商呈正态分布：智商84—116之间占总人口的68.2%，智商68—132之间占总人口的95.4%。10个人中只有1人智商超过120；40个人中只有1人智商超过130；200人中只有1人智商能超过140；1000人中只有1人智商能超过150。绝大多数人的智力处于中等状态。

每个孩子，无论大家称赞他，还是批评他，都有一系列的成长故事。如果家长有耐心，有教育方法，孩子就能步入正常的轨道，顺利发展。如果家长缺少耐心、毅力和有效的教育方法，孩子就可能出现这样那样的问题。我从未发现有快速见效的药物让孩子迅速健康成长，孩子的表现如同皇帝的新衣，通过孩子能看到家庭的一切。

# 父女之间：情感与理智

父母追求事业成功时，会忽视对孩子的关注。而一旦错过最佳教育时机，挽回的难度将增加。

根据孩子的年龄，选择孩子能够做到的事情，在家长的监护下，让孩子去体验。家长包揽得越多，孩子成长得越慢。

转眼，到了国庆节前夜，我们一家三口收拾好随身衣物，带着节日物品，出发了。

1 个小时左右，我们就到了。依依迫不及待地按响门铃，透过防盗门能听出是岳母轻快走路的声音，门还没打开，我们就听到里面笑着说："是我孙子回来了吧？" 几乎同时依依也大声说："姥姥，我们回来啦。"

门一打开，我们看到岳母系着围裙，慈祥的脸上洋溢着灿烂的笑容。

岳母是位非常勤劳善良、热情大方而又格外包容的老人。自依依出生到升入初中前，我们共处同一屋檐下，共同生活了十二个春秋。依依升中学后，因离家太远，我们在学校附近租了学区房，才与老人分开生活，每逢节假日，我们一家三口一定回来陪伴老人，大家共享天伦之乐。

岳母笑得合不拢嘴："正念叨我孙子，这就进门了。我掐点很准吧，再做一个菜，咱们马上开饭，姥姥做了你最爱吃的菜。"

"谢谢姥姥，我想吃什么，姥姥最懂了。"依依说。

看到祖孙二人热热闹闹地有说有笑，我说："妈，今晚依依又要吃多了。我先把这些鱼虾放到冰箱里。"

夫人一边换鞋一边说："妈，您歇会儿吧，我马上洗洗手做饭。"

夫人也是麻利之人，一会儿工夫，丰盛的菜肴已经上桌，碗筷也摆放整齐。内弟张罗着喝两口，一个幸福团圆的国庆节已经在餐桌上拉开序幕了。

依依说："姥姥，这个国庆节我还有个重要任务，听听你们讲讲我老爸培养、教育、指导、教训、矫正、改变我的故事。"

"那要听你爸爸主讲，我做补充。"岳母说。

"妈，您比我们俩对孩子上心，比我们做得多。我们俩当时那种焦头烂额的状态，如果没有您打理，肯定生活是一团糟。自己还没活明白，就当爹妈了。现在回想起来都有些后怕。对孩子的教育，我还算稍稍用心，想起什么说什么。先说最近发生在父亲节的事情吧。"我说。

## 父亲节的感恩信

网上早早地就开始炒作父亲节了，身为儿子的我，晚上在家拨通了父亲的电话，问询九旬老人的身体和生活状态。父亲依然像每次通电话一样，说身体很好，家中的兄弟们都很好，并告诉我寄回家的钱，前两天已经收到了。再三叮嘱我说家里生活都很好，有钱花，不要再往家里寄那么多钱了，要我注意身体，强调我一个人在北京打拼不容易，遇到的所有事情家里帮不上忙，不用惦记家里。

我与父亲聊了一会儿，说："爸，您等一下，您孙女和您说话。"

女儿接过电话，说："爷爷，您身体好吧。"

正好夫人从厨房出来，听到女儿在通电话，说："依依，替我问爷爷好。我正炒菜，离不开。"

父亲问女儿学习是不是很紧张，成绩如何等等家长里短的话。

过了一会儿，通话结束了。女儿说："今天是父亲节，我忘记给老爸买礼物了。"

能听到女儿的祝福已经心满意足了，我说："没关系。心若在情即在，礼物不一定非从外面买回来，给老爸来杯水，一样能让老爸体会到父亲节的快乐。"

女儿转身离开，一会儿，一只手背后，另一只手端着一杯水过来。说："老爸，猜猜我的礼物吧。"

"东西不会太大、太重，否则手拿不住。"我说，"你提示一下。"

女儿说："五选一，钱包、名片夹、领带、腰带、香水。"

我说："我排除吧。不会是领带，前两年的生日，你送过我两条了。不会是名片夹，去年的父亲节你送过我一个了。更不会是钱包，我现在用的还是你从香港买给我的。只可能在香水和腰带之间选一个。我认为是香水。"

女儿说："您一定、肯定及确定是香水？如果不是，要挨罚的。"

"如果错了，我认罚。确定是香水。"我说。

女儿说："老爸，您给点悬念好不好？知女莫若父啊。"

女儿把手从背后伸出来，一个包装精美的小盒子，我接过来打开一看，果然是一瓶时尚而庄重的香水，味道也是我最喜欢的那种。

女儿说："老爸，您经常讲课和做节目，香水对您来说是非常有用的。祝老爸父亲节快乐，永远年轻。以后出门时记得用我买的爱心牌香水，那就更迷人了。不过，千万不要忘记回家的路，我和老妈在家等你哟！”

我抚摸了一下女儿的头，说：“放心吧，亲爱的。有你们娘俩的地方才是我的家。”

女儿说：“老爸，还有一样东西，您要不要？”

“当然！毫不犹豫。”

女儿递给我一封信。上面写着：献给我最可爱、最最亲爱的老爸。

我打开一看，是女儿亲笔书写的一封信，内容如下：

我最亲爱的老爸：

这是自我出生后，您度过的第16个节日——父亲节，从出生到现在一直关护着我的老爸也已经进入不惑之年。

从读初中以来，一到这个节日，我就想着用怎样的方法来微微表示一下感激之情，却又觉得一切的一切是那么的平淡无奇，根本没有付诸实现的必要。抱着这样的想法，我到初二为止都并未特别地提出庆祝父亲节这件事。

16岁，虽然不像18岁是成年的标志，却也是走向成熟的一个重要年龄阶段。正因如此学校还特地组织一个“十六岁生日”主题班会。

就算是想着要别出心裁，一时之间脑子里也一片空白，脑海一片空白什么都不想其实是很难做到的，所以这里只是个比喻。就像是要说出一件伟大父亲的伟大事迹一样，我仔细搜索脑海里的记忆碎片，连那种小学生作文里常用的“我晚上生病，这时外面下着大雨，打不着车，父亲二话不说背起我就往医院跑，连伞都不打。雨水和汗水混合在一起，顺着父亲的脸颊往下落……父亲的衣服都湿透了。

记忆十分模糊，我只能依稀想起那时父亲宽阔的背和英俊的侧脸。啊！我伟大的父亲！”都从来没有发生过。一方面我的身体还算不错，从来没生过什么大病，二来，得点小病吃点小药睡一小觉也就好了。

其实我小时候也是这么写作文的，写得越离谱分就越高。不过我也想过，在作文中流畅写出来的故事是否是我内心中真正渴求想表达的内容呢？

到初中，我依旧在写着这种“一事一中心”的亲情记叙文，写得越来越干脆利落。那个疑问在我心中也愈发的膨胀起来。不管是“考试前家里空调坏了，我不管是身体上还是内心里都十分的燥热难耐。正当我快要受不了之时，突然觉得身后传来阵阵凉风，我觉得十分舒服。完成了这部分的复习之后我回头一看——啊！是父亲！！父亲看到一脸惊讶的我，欣慰地笑了。从父亲额头上滑落下来的豆大的汗珠，滴湿了他的衣服，也滴进了我的心头……”，还是“我学习到半夜觉得口渴，准备去客厅拿杯水解渴。正在我拉开门的时候，我看到了一个人站在那里。我先是吓了一跳，再仔细一看，那不是父亲么！他这么晚了还不睡？他手里端着……端着一杯冰水！父亲看到我先是尴尬地笑笑，之后把他手里的水递给我说：‘我怕你口渴，给你倒的。’我把那杯水拿在手里，发现它已经变得暖暖的了。看来是父亲怕我口渴又怕打扰我学习，一直在门口等着，这冰水都不凉了。父亲发现我迟疑地看着手里的杯子，似乎明白了我在想什么，难为情地说：‘都不凉了吧，我再给你倒一杯。’我的眼泪夺眶而出，拉住父亲，把水一饮而尽之后对他说：‘爸爸，谢谢你。’”，都是从来没有过的事。首先家里的空调从来没坏过，其次我也从来没有苦读到深夜的时候，最重要的是，我最讨厌喝什么味道都没有的冰水了，特别是在晚上。

上面也只是我写过的众多亲情文章的冰山一角，但现在细想起来，我可以自信地解答自己的问题了。我从来都没有羡慕过作文中的“我”。

真的有人能拥有小说里那样的绚烂人生么，有的话也只是少数吧。所以我并不贪求什么非日常生活。平平淡淡才是真，而我也的确在过着这样的真实生活。

是的，于是我选择了一件最适合老爸的平凡礼物来表达对过着这般平凡生活的父亲的感谢。

爱老爸的依依

我逐字逐句地读完这封信，感觉到女儿心智更加成熟了。她开始体会到和理解日常生活的平凡才是真实的人生。

但我深知：即使这种看似平淡、平凡而平静的生活，也并不是每个家庭都能拥有的。

事情讲到这里，夫人插话说：“这几年的母亲节，孩子也是有礼物送给我的。谢谢亲爱的！”

岳母也搭话说：“虽然没有姥姥节，但是我孙子每次出远门都给我带些礼物回来，还经常给我打电话，问候我，这可不是谁家的孙子都能做到的。”

依依说：“我没做什么啊，区区小事不足挂齿，难道别人家的孩子不是这样吗？”

“别说孩子了，就是一些大人也不能做到有感恩之心。”岳母回应说。

“好事不是新闻，略显平淡。坏事才是新闻，五花八门。我到屋里认真写书稿去了，写完后咱家人再一起讨论修改，依依是第二作者，你的任务很重啊。”我说。

[分享]

孩子是父母的仿效者，在一定程度上是父母的翻版。孩子的天性是通过模仿而学习。家长怎么做，孩子就去学习。家长善待老人，子女将来更可能尊重家长。

女儿会以父亲作为择偶的榜样，在恋爱对象身上寻找父亲的影子。

我做过许多家庭类的节目，无论是为了赡养老人还是老人的财产，一家人乱作一团，年迈老人无人照顾，兄弟不睦，妯娌不和，亲人成了仇人。看似他们在为自己的孩子争取利益，而我看到的是他们亲自示范并培养自己的孩子将来与他们为了蝇头小利大动干戈，不惜一切。

## 写给半岁女儿的第一封信

1994 年 9 月 22 日，就像刚刚发生的事情一样。我继续坚持一早来到人民医院妇产科探视夫人，预产期就在这几天。

当我发现告示牌上写着夫人的名字、床号、女孩，我顿时明白孩子已经出生，而且最令人激动的是个女儿。我迅速转身找了一部公用电话，将这一消息告诉在家等候的岳母，然后直奔楼上看望夫人和孩子。

当我看到这个小家伙，不知如何下手去触摸她。“我做爸爸了！”这个喜悦的声音在我大脑中萦绕，我难以控制住自己激动的心情：“生个女孩多好！”同时感到一块石头落了地。

原来我陪着大肚子夫人去孩子姥姥家时，邻居苏大妈经常对我说：“马健啊，看你媳妇肚子的形状，估计你家得生个儿子。”当时压力真大啊。心想：“我刚刚离开原单位，现在搬到岳父母家中居住，如果再生个儿子，我还没自己的房子，将来儿子的窝在哪里呢？”幸好生个女儿，压力一下子就降低了许多。

几天后，一家人将夫人、女儿接回家。我和夫人协商将女儿叫“依依”，取“依依不舍”之意，希望我们一家人相互依恋，永不分离。

依依回到家后，我们将她放在婴儿床里。这张床是一位街坊送给我们的。我们请油漆工重新打磨粉刷，旧貌换新颜。孩子的床放在我们居住的房间里，以便于晚上喂奶。

因为有了孩子，需要更大的开销，我也渴望寻找一份收入更高的工作。我在家休息了三四个月，在这段时间里，因为有了女儿，我的生活不寂寞。白天不知不觉会趴在床边，对依依温柔地说着她听得懂听不懂的话或轻拍床边弄出一些有节奏的声音。一会儿伸出手指让依依抓握一下，一会儿翻看一下她是不是尿了。有时把手指放在依依的唇边，观察她吮吸的反射动作。控制不住自己的怜爱情感，我会亲吻依依，有时会用胡子扎一下她的小脸。每当依依哭时，我会把她竖着抱起，让她靠在肩上，一边拍着她的身体，一边在房间里轻摇着来回走动，果然依依不再哭了。特别是晚上，将依依放在床上她就哭，抱起来她就能安静地入睡，反复试过几次之后，我只好抱着依依睡觉，这样才不会影响夫人和家人的休息。

我就是这样，通过抚摸、注视、说话和亲吻来表达对依依强烈的感情和投入的状态。

一位广东的老总（旺叔）是岳父的朋友，1995 年春节过后，我受邀投奔他，于是，南下广东，目的只有一个：尽可能多挣点钱，养孩子养家。临行之前，我为依依在商场花几百元买了当时品牌很好的婴儿车，这也是我第一次如此大手笔的开销，以此作为对孩子的补偿。

在广东的日子里，我每月会打几次电话，夫人向我描述孩子成长的详细情况；晚上，我会躺在床上发呆，想着孩子长成什么样了。偶尔也会胡思乱想：如果孩子深夜饿了，夫人累得醒不过来，孩子会不会一直哭泣。如果孩子生病了，一家人会怎样手忙脚乱……于是，每到发了工资，我第一件事就是寄钱给夫人，希望夫人不必为钱而担忧，减少一些因经济而导致的不必要的顾虑。几个月后，因水土和饮食习惯等多种因素，我回到北京。

我一进家门，那种温暖而熟悉的生活气息扑面而来，正巧迎面遇到岳母抱着依依下楼。我连忙说："妈，我回来了。"

岳母低头亲了依依一下，说："依依，你爸爸回来了。"

我看了一眼孩子，她比我料想的个头要大很多，齐耳短发，俨然一个小姑娘的俊俏模样，我放下手中的行李，伸手去抱依依，依依也伸出双臂抱我的脖子。

岳母在一旁说："真是看见亲人了，街坊邻居想抱她，她认生，别人一抱她，她就哭。这真是血脉相通啊，你们爷俩几个月不见面，她一见就找你，这真是天性。"

听完岳母这几句话，我由衷一阵感动，感觉鼻子酸酸的。我控制了一下情绪，心想："对不起，宝贝。以后我再也不会为了多挣点钱，长时间离开你了。"

我抱着孩子，陪孩子一起玩。她很快乐，我更开心。当孩子睡下后，我看着孩子熟睡的红扑扑的脸，感觉有许多话要说，于是提笔写了一封短信：

亲爱的宝贝：

几个月没看到你，你已经长得这么大了。尽管我每月多挣了几百块钱，但却损失了每天看到你的快乐和幸福。

今天看到你的样子，想起我在广东的多虑，我那份担忧是出于对你的爱，我希望以后这份父爱是实实在在的，让你能够看得到、体验到、感受到。

依依，现在你还小，我所写的内容你还不明白，我就以你能懂的行为，让你感受到父亲对你最真挚的爱。

写完这封短信，放在相册里。转身摸了摸孩子温暖的小手，亲亲依依的小脸，低声说：“晚安，亲爱的。明天见。”

[分享]

孩子的出生，是家庭成长的自然而重要的经历，伴随着孩子成长的各个阶段，也意味着危机迭起，焦虑频现。

养育孩子的成本越来越高，大多男人承担着家庭的经济重任。当因经济因素而离开家庭，男人收入提高了，同时失去了与孩子相处、陪伴孩子成长的大好机会。

大中城市中，不仅许多务工人员为了提高家庭收入与子女分离，即使许多受过高等教育的人士，同样一味倾心到大城市或国外追求理想实现或因环境和条件不尽如人意而导致与幼小子女分离。分离的时间愈久，与孩子感情的隔阂愈严重，将来一起相处时的矛盾冲突可能愈发激烈。

曾接触过许多因与孩子幼时长期分离，而导致孩子长大后与父母关系不融洽的极端案例，在这些孩子的心中，被父母抛弃的概念格外强烈。建议引起家长们的高度重视。

如下表格展示幼儿成长中的动作发展，可依此理论观察孩子的成长和发展。

**最初两年大动作和精细动作的发展**[①]

| 动作技能 | 平均获得年龄 | 90%的婴儿获得这些技能的年龄范围 |
|---|---|---|
| 当被抱直时，头部直立和稳定 | 6周 | 3周至4个月 |
| 当信念卧时，用手臂撑起自己 | 2个月 | 3周至4个月 |
| 从侧卧滚到仰卧 | 2个月 | 3周至5个月 |
| 抓住立方体 | 3个月3周 | 2至7个月 |
| 从仰卧滚到侧卧 | 4个半月 | 2至7个月 |
| 独立坐 | 7个月 | 5至9个月 |
| 爬 | 7个月 | 5至11个月 |
| 扶着东西站 | 8个月 | 5至12个月 |
| 玩拍手游戏 | 9个月3周 | 7至15个月 |
| 独立站 | 11个月 | 9至16个月 |
| 独立走 | 11个月3周 | 9至17个月 |
| 造两个立方体的塔 | 11个月3周 | 10至19个月 |
| 有力涂抹 | 14个月 | 10至21个月 |
| 在帮助下上楼梯 | 16个月 | 12至23个月 |
| 原地跳 | 23个月2周 | 17至30个月 |
| 用脚尖走 | 25个月 | 16至30个月 |

## 空间大一点，自由多一点

“有苗不愁长”这句俗语在孩子的身上同样应验。

一晃，依依两岁多了，大学同学确定五一前的周六到北海公园聚会。我决定带着依依一同前往。

临行前，夫人准备了一堆物品，包括吃的、喝的、玩的、用的、

① 〔美〕劳拉·E. 贝克 . 婴儿、儿童和青少年 . 桑标等译 . 第5版 . 上海人民出版社，236

换洗的。她留在家中做家务。

我与女儿都换好了被我们自称为父女装的相同款式的背带牛仔裤，挤公交到了北海公园。

同学们见到我带依依一起来很高兴，大家和依依说说笑笑，带她一起玩。

一会儿，到吃午饭的时间了。我让依依坐在我右侧，找服务员要了一套餐具，把依依能吃的东西分别盛一点放入她面前的盘子里。

老同学见面聊得很尽兴，大家看我不管孩子吃饭，不时提醒我喂孩子。我说："不用的，依依再有几个月就上幼儿园了，如果在家能够独立吃饭，到幼儿园就不会挨饿了。"

一位同学说："你看孩子衣服上的饭粒，别让她把衣服弄脏了。"

我看了孩子一眼，说："宝贝儿，把衣服上的饭粒捡起来放在桌子上。给你张纸，擦擦嘴，现在你的脸像只小花猫一样，长胡子了，自己把胡子擦掉。"

同学说："马健，你带孩子也太省事了，啥都不管。我姐的孩子都4岁多了，我妈天天追着孩子喂饭吃。好像不喂就不吃一样，我都替我妈累，她天天那样还挺高兴。"

"各位，现在我不管，是为了让孩子将来能够自我管理。只要孩子能做到的事情，我就让孩子自己去做。如果把衣服弄脏了，回家用洗衣机一洗就干净了。如果我天天喂孩子吃饭，孩子到了幼儿园就不会吃，老师可没时间和精力像咱在家里那样一口一口喂孩子。"

果然，在4年后的同学聚会上，还能看到有同学喂已经6岁的孩子吃饭。

而在一次10年后同学聚会上，也见到了有同学在喂读初二的孩子吃饭，他解释的理由是："我不喂他，他就不好好吃饭。"

一个月过去了，到了六月底，天气已经热起来。依依在家里跑来跑去，显得能量十足，她大汗淋漓，头发全都湿透了。

岳母说："依依，一会儿让姥爷给你把头发剪短些，跟奶奶的头型一样，短短的，好看还不热。"

"好吧。"依依回答，"我也想要妈妈那样漂亮的长头发。"

我说："宝贝儿，现在有两个选择：一个是把头发剪短，你会凉快点儿；另一个是，每天把头发梳起来，上幼儿园时就有长长的头发了。你想想，只能选一个。如果剪了头发，现在舒服了，上幼儿园时就长不了妈妈那么长了。如果留着头发，再过一两个月特别热的时候，你会感觉更热一些。"

依依说："我要留着头发，长头发就像妈妈一样漂亮了。"

"好啊，如果感觉热，就请姥姥、妈妈给你梳个小辫子，把头发梳起来就感觉凉快了。爸爸也好好学学，很快就能给你梳小辫了。"我说。

从那时开始，依依有权利选择她自己喜欢的生活方式，我只需要告诉她可能的结果以及利弊，让她自己承担结果。

[分享]

孩子的天性是喜欢自己动手，去探索和尝试。

家长往往习惯于限制孩子的行为，认为孩子是一件物品，如同一辆自行车、一把椅子，想怎么修理怎么修理。当孩子习惯于被动接受之后，家长焦虑于为什么孩子缺乏主动性、过于懒惰以及啃老。而其中的因果关系是一种正常的推理。

根据孩子的年龄，选择孩子能够做到的事情，在家长的监护下，让孩子去体验。家长包揽得越多，孩子成长得越慢。

# 接送孩子有学问

我是无车族，对车也没太大兴趣，喜欢无事时在家宅着读书、听音乐。于是，自诩“低碳哥”、“乐活”族。

身边的朋友们几乎都有车，他们感叹成了家里的司机，每天开车接送孩子上下学，也有人坚持让孩子乘公交车或骑自行车，理由是借鉴香港富翁让孩子乘公交的教子经验，试图让孩子吃点苦，锻炼锻炼毅力。

我认为，如果有车又有时间，家长不妨接送孩子上下学。可以充分利用在自己车里的安静环境与孩子进行有效沟通。如果家长工作忙碌，孩子也能够乘坐公交车，不依赖父母，即使偶尔打车也未尝不可。

送与不送并不是最根本的问题，形式永远是为内容服务的，关键点在于孩子能够理解父母“送”是表达“关心和爱意”，即使不送，也能理解父母的做法。

对孩子也不必要太过于苛责，坚持不送也未必能锻炼孩子的自理能力，也许在某种程度上还疏远了亲子关系，或令孩子记恨于心。但一味地坚持无论自己有何事，一定要接送的孩子的，如果孩子没有丝毫的体谅和感恩之心，这种接送就没达到目的。结果可能是无私的父母培养了自私自利的孩子。

我今天仍然看到已经读初中，更有个别高三的学生，由高龄的爷爷奶奶帮忙背书包，而这些学生像没事儿人一样空手蹦蹦跳跳前行，老人在后面追着跑。

送也罢，不送也罢，不走绝对化，不必由家长全权决定，还要征求孩子意见。

依依在幼儿园期间，年龄过小，过马路有安全隐患，以姥姥、姥爷为主接送。

依依读小学了，学校离家一站地的距离，小学二年级之前，大多数时间由姥爷骑车接送依依，书包放在车筐里。三年级始，依依不想让爷爷骑车接送了，她更愿意自己背着书包到学校。

于是，我们召开家庭会议达成一致意见：依依自己背书包走路上学，姥爷推着车在后面陪伴走到学校，目送进入教学楼。下午放学时姥爷在校门口等候，遵照学校的规定，与老师将孩子交接完毕，让依依自己背包回家。之后，姥爷跟着依依上学时与她保持的距离越来越远，确定依依能够独立过马路，能够应变可能的意外。依依在三年级最后的一个月，又提出不让姥爷送了，认为自己完全可以独立上学了。我与岳父商量，目送依依过马路，让她自己去上学。四年级开学以后，依依一直独立上下学。

四年级寒假，依依在北师大南侧的小学里学习。我将依依送到校门口，目送她进了教学楼，我转身去了办公室。

大约两个小时后，我接到夫人的电话，她风风火火地说："你在干吗？妈刚才给我打电话说孩子自己回家了。"

我也一惊，还没到下课时间，所以我还在办公室里。依依怎么自己回家了？从上课的小学到家里这段路程有五六站地，依依经过五六个红绿灯，一个过火车的路口，还要穿过一座经常堵车的立交桥，更可怕的是还有一段人来人往、全国有名的批发市场。她怎么回去的？

我立即打车回家。进了家门还没开口，岳母先说："依依自己回来了。"

我看到依依没事儿人的样子，平静了一下心情。安全，在我心中永远是第一位的，只要孩子没事，少上半天课没关系。

我开始和依依聊天："宝贝儿，你想回家，怎么没给爸爸打个电话让我去接你呢？"

“我没记住您电话，您不是刚刚换了个号码吗？我给妈妈打了两次电话，可是妈妈都没接。”依依说。

“你没带手机怎么给妈妈打的电话？”

“楼道里有好多阿姨，我找一位阿姨借的手机。”依依指的阿姨可能是送孩子上学的家长。

“你怎么向阿姨说的？”

“阿姨，您能借我手机用一下吗？我想给我妈妈打个电话。”依依说。

“好样的！这样一说，阿姨就借给你手机了。你自己怎么回来的？路这么远还那么乱。”我话题一转，我更关注孩子在路上的事情。

“我走着回来的，身上一分钱都没有带，坐公交都没钱。”

“你怎么从那个立交桥过来的？拐弯的车很多，他们不会给行人让路的。”我说。

“我自己也不敢过，我等在路口，后来人多了，我挤在人堆里，跟着好多大人一起过的桥。”

我听完依依这些话，实实在在地把她夸奖一番。肯定了她的独立思考能力和坚强毅力。

然后为引导孩子进一步解决问题，我继续问：“今天是因为老师有事没来还是什么原因没上课呢？”

“我进了一楼教室，没看到我们班同学。我等了一会儿，一个人都没有，我想可能是今天不上课。我就想回家了。”依依说。

“我给老师打电话了，她说今天换教室，在二楼上课。因为负责人王老师经常见到爸爸，他本应通知我，结果把这事给忘记了。在你看不到同学时，爸爸曾带你去过二楼办公室，那里的老师你都认识，你去问问她们怎么回事，是不是就不会白跑一趟了？”

“嗯。我没想起来。”依依说。

“刚才你说没记住爸爸电话，给妈妈打电话时妈妈没接。你是知道姥姥家电话的，给姥姥打个电话，姥姥会给我打电话，我就会过来接你。”

“我没想那么多，一看没人，我就急了。”依依说。

“没关系，人在着急的时候，处理事情就会不周到，大人也是这样。”之后，我教依依如何放松的具体方法。

在依依四年级放暑假前一个多月，家庭计划装修房子，这样，9月份开学时，我们就可以再搬回来住。于是我们搬到了五环外郊区的住宅里，依依上学就变得格外遥远了，大约公交车20多站的路程。最初几天，我们乘公交送依依上下学，在车上教她记路，如何在公交车上保证自己安全以及如何预防突然刹车可能造成的伤害。一周之后，我们将依依送上公交车，委托售票员到站提醒孩子下车。依依放学时，自己乘车回家。

经过锻炼，依依能够独立处理许多问题。当读中学之后，如果依依和同学相约出去玩，只要她把其中一位同学的电话留给我们，并说明时间、地点、项目和大约回家的时间，我们就很放心她自己外出。

[分享]

人们普遍反应孩子的独立能力差。而事实上，孩子在不同的成长阶段都一再向家长表明自己想要独立的态度，并坚持自己的行为，却持续遭到家长的限制。如：当能够用手抓东西吃饭时，家长不允许孩子下手乱抓，要喂孩子吃饭；当孩子能够走路时，家长担心孩子摔倒，坚持扶着孩子一步一步走下去；当孩子希望自己背着小书包走路时，家长担心孩子负担重，于是替代孩子背包……当孩子长得大一些，家长意识到无力承担这份沉重时，又开始抱怨孩子缺少独立性。

试着放手给孩子独立思考和自由选择的机会，让他们做能够做到的。包揽孩子的事务只能让孩子缺乏生存能力，而逐步放权让孩子学会独立处理自己的事情，孩子才能飞得更高。

## 写给老师的邮件

依依升入小学四年级，开学第一天放学回家，她告诉我换老师了。我了解到新任班主任兼语文教师欧阳老师是一位刚刚从湖南调入北京的优秀青年。

开学两周后，欧阳老师对班级同学的基本情况有了初步的了解，我希望她尽快对依依有较全面的了解，能够有针对性地对依依具体指导和帮助。在这个年龄段的孩子，非常在意教师的评价，教师对孩子成长起着巨大的作用。

于是，我主动到学校见了欧阳老师。果然，一见欧阳老师就能从她的言谈中发现她是位有思想且积极热情的优秀老师。短暂的会晤后，欧阳老师要进教室上课了，我索取了她的 E-mail 地址，以便于继续与她保持沟通。

为了加深印象，我当天给欧阳老师发了邮件，内容如下：

欧阳老师，您好！

我是您班上学生马泽的父亲马健，感谢您在忙碌之中与我相见并提供给我您的邮箱地址，这样可方便与您一起分享马泽的成长与进步。

我深知现在的教师付出的辛苦及承受的多种压力，我愿与老师、学校配合做好自己孩子的教育工作。

您初到北京，会有一个适应过程，如在工作和生活方面需要我们提供什么支持和帮助，您不必客气，我们一定会尽力而为。

欧阳老师第二天回复了我邮件，信中写道：

马健老师，您好！

非常感谢您对我们工作的支持和配合，有您这样热心的家长是我们做教师的幸事之一，相信今后麻烦您的地方还会不少，在这儿先谢过了。

马泽是一个非常认真、明事理的孩子，学得也不错，当然，如果她能抓住更多的锻炼机会，可能会让同学们更了解她、欣赏她，这可能与性格有一定的关系。不过，暑假的综合实践活动她做得很用心，这是一个展示她风采的好机会，相信她会赢取更多同学佩服、赞许的目光。

好，先聊到这儿，多联系！

通过欧阳老师的回复，能够感受到她是位爱孩子、爱教育、爱工作的人，她对依依的观察和评价，更证实了我对她的判断。于是，几天过后，再次与欧阳老师通过邮件联系，希望她能够对依依有进一步的了解和认识，更表达了自己愿意配合学校教育的愿望。

欧阳老师，您好！

马泽性格偏内向，其实在她三岁左右我们就已经对她进行过一些行为与心理的测试，那些量表体现出来的情况不容乐观。经过我们全家有效的努力，孩子有了长足的进步。发展到今天，我们认为除了家庭努力之外，与学校教育也是密不可分的。尤其当孩子遇到一位优秀的教师时，优秀的教师将对孩子的成长产生巨大的影响，教师对孩子发展的影响并不亚于父母。

马泽通过几个星期与您的接触，她回到家中会模仿您上课的样子，孩子对您极为满意。当然，我们也得知您是一位优秀的教师，并获得过多种奖项。我们为您感到骄傲。

欧阳老师，面对四十几名背景不同、性格各异的学生，工作的辛苦程度我们可想而知。我希望家长朋友们能给予您工作更多的理解和支持，扮演好一个家长的角色。家长教师共同的愿望是：孩子更好地成长，并一切为了孩子的发展。

我从事心理咨询与亲子教育的研究和实践工作，愿与班上更多的家长一起配合学校、配合班级做好孩子的教育工作。如有需求，我愿意为班级做些义务工作。

欧阳老师及时回信了，表达了她的感受。

马健老师：您好！

非常感谢您对教师工作的理解与支持。

如果您能够将最新的亲子教育理念与更多的家长通过讲座的形式分享，这是我们教师的心愿，我相信也是更多家长求之不得的大好事，在这儿，我先代表我自己、我班其他家长及学校谢谢您！

通过和您的这两次联系，我对马泽有了进一步了解，课上也关注她的变化。马泽是个文静的女孩，她有良好的学习习惯，自制力也较强。今后有什么我们应该进一步提高的地方，请您指正。

收到欧阳老师这两封回信后，我由衷地感谢她。老师对学生的口头表扬和文字表扬，是完全不同的两回事。当晚依依做完功课后，我打开电脑，告诉依依欧阳老师给我写信了。依依立即围了过来，专注地盯着电脑,小声读着电脑中的文字。我用余光观察依依的表情，当她读到欧阳老师对她的评价时，脸上浮现出幸福的笑容。这就是欧阳老师的力量,她对依依的评价,可以令依依继续保持优秀的状态。

我决定趁热打铁，继续做锦上添花的事情，于是，更用心地写了一封信。

欧阳老师，您好！

马上要到国庆节了，首先祝您及家人节日快乐！

我们深知教师工作量之大，但我仍有一份不情之请。给您添麻烦了。

教师在学生心目中有着崇高的地位，我们希望借助孩子的社会支持系统中的重要人物，对孩子的发展构成更为积极的影响，以激发孩子的潜能发展。我希望借您的“势”进一步影响马泽的发展。

我根据马泽的情况，以您的名义写了一封信，请查收附件。如果在您阅读后，认为没有什么不妥，只需将信件粘贴一下，发送到我的信箱里，这封信我将与马泽一起认真分享，使马泽能体验到您对她的关爱与期待。

非常感谢您。

欧阳老师果然是位做事干练的人，迅速回复了我，为了更便于让依依阅读，她发了两封信，一封是给我的，另一封是粘贴我写的内容。我看到写给我的信的内容是：

马健老师：您好！

您提到的需借我的势来影响马泽，这是没一点问题的。倘若马泽能因此得到更大的进步，则是一件再好不过的事了。

我什么也没做，却让马泽认为我是如此的关注她，了解她，如此富有爱心和耐心，看来我在平时也还真的得再留意她一点，否则就会让她觉得怎么写信的老师比平时在校接触到的老师更了解我？

我们面对这么多孩子，会争取像家长那样去了解孩子，争取像家长那样去全面设计、规划孩子的一些事情，所以家长如有什么需要我们老师做的，尽可能和我们说，只要是力所能及的，我们一定会尽力。

很多家长都认识到家长和老师沟通的重要性，可能是因为家长工作忙碌的原因，因此他们把这种沟通更多地寄托在教师身上，希望教师能多和家长联系，比如有的家长说："老师能否一学期与家长主动联系四五次？""评价反馈手册能否经常在老师和家长之间传递？"如果真能这样，对于孩子的成长的确很好，但目前看来，每个学期要和每个孩子的家长保持这么密切的联系，这还只能是一种理想状态，当然，我们会尽力去做。要把理想变成现实，还需要教师与家长双方积极主动配合。

马泽是很幸福的，有您这样的家长，相信她一定会健康快乐地成长。

祝好！

我打开另一封欧阳老师写的“信”，高声喊道：“依依，欧阳老师又来信啦。”

依依迅速跑过来，我与她一起阅读了“欧阳老师”的来信。依依脸上灿烂的笑容，证明了“信件”的“药效”已经发挥作用了。

我邀请岳母和夫人都过来，鼓励依依大声读出来，让家里人都听到。女儿大声朗读，脸上洋溢着自豪与快乐的微笑。她念道：

马健老师，您好！

我接班时间虽然不长，但对马泽却有特别的认识。她在学校的进步是非常大的，相信她在家里也是一个好孩子，一定是个生活能够自理，懂得关心人、有礼貌的好孩子。

马泽做事非常认真，而且很投入，她也很聪明。上次学校做的智力测试，她的成绩非常好，说明她智商很高，是个非常有潜力的好学生。尽管她在功课方面偶尔也会出现粗心大意，但我相信她是个追求上进的学生，会克服这些影响她进一步提高的因素，能变得更好，作为家长的你们也一定相信她能更好。

生活有规律，是一个孩子能更好成长的前提。爱学习，会学习，积极学习也是马泽的一个特点。相信在家里她会合理安排好学习、锻炼、看电视、休息的时间。我们几个老师对马泽有很高的期望，愿她能在班上脱颖而出，更大胆地发言，更活泼，勇于表现自己的优点和长处。

马健老师，我们希望以马泽同学作为班上同学学习的榜样，希望进一步和您联系关注她在十一假期中的表现，无论是她学习时间的安排还是锻炼的内容，也希望她能够很好地记录自己在家中的一切活动，希望她养成每天写日记的习惯，每天写上三五百字，那样有一二年的时间，她的写作水平就会有飞速的发展。比如回家后是否及时完成作业，是否有每天记忆三五个或更多英语单词的习惯，面对困难自己是如何克服的，如何培养自己对各学科的兴趣等等。

我们希望与家长一起把孩子培养成一个优秀的好孩子，使她能够在多方面有更大的发展。希望她能加强锻炼。希望她在数学方面有更大的兴趣和能力。马泽是聪明的，只是她的潜力一时还没有全部发挥出来，相信在家长的帮助下，她的潜能会有所显现。虽然偶尔考试不尽如人意，但她通过这次考试一定会有更大的进步，她明白“失败是成功之母”的道理，面对一点点的挫折，她会处理好这种事情的。

先谈这些，有机会再进一步沟通。

欧阳老师

通过这封信，女儿感觉到自己在教师心目中的重要和地位，感受到教师的期待和认可，感受到关注与企盼，体内迸发出一股力量，提升了自我价值感，沐浴在教师关怀与知识的光辉之中。她持续以

“欧阳老师”的信件为动力，自我激励，进一步巩固良好的行为习惯，优势得以彰显，性格也愈发变得活泼可爱。

[分享]

在家庭教育中，父母借助孩子的社会支持系统是一种省时省力又有效的好方法。

社会支持系统是由儿童及其周围与之有接触的人们（支持者），以及儿童和这些支持者之间的交往活动所构成的系统。如父母、同胞、同伴、同学、亲戚、朋友、教师、邻居等。

对孩子而言，教师和家长是一架马车的两个轮子，是最好的合作伙伴。我相信绝大多数教师的师德和行为是受人尊重的。如果家长能够充分借助教师对孩子的影响力，主动与教师联系，必将激励孩子快速进步和健康成长。

孩子的发展有家长的一半，也有教师的一半。

## 学奥数VS.英语？孩子说了算

为了让孩子将来读一所好的中学，我与许多家长一样，加入到了给孩子报班学习奥数和英语的阵营中。正好我的朋友王长春老师在师大负责奥数和英语的培训，我就搭了他的顺风车。

那天，依依就学习奥数的事情与我展开了交流。

依依说：“老爸，我们学校开奥数班了，我想在我们学校报名学习。”

“噢，那很好啊，想学习更多的知识，爸爸支持你。”我回应说。

依依说：“我不是想学更多。我是不想上师大的奥数班了，报我们学校的奥数班。”

“看来你对师大的奥数班有些不满意，对哪些方面不满呢？”

依依说：“我们学校最多一天三节主课，在师大上完二节英语课后，紧接着三节奥数课，一天的主课太多了。”

我回应：“你感觉到对一天连续上五节主课不适应，已经超出了学校的常规。”

依依说：“是的，我们最多一天上三节主课，如果一天上五节课，我会感觉有些累的。”

“如果你感觉到上五节主课太累，那可以减少或者不上师大的奥数班。在师大的奥数班里，你学起来感觉如何？吃力么？”

依依：“还可以。”

“还可以是个什么水平呢？比如在班上是属于前面的、中间的还是后面的呢？”

依依："中间水平吧。"

"看来你在师大英语班的成绩比较靠前，你比起读六年级的学生成绩还要好一些，你的学习兴趣也很大，而奥数的成绩就相对一般了。"

依依："对啊。"

"如果报你们本校的奥数班，是不是也一天超过三节正课了呢？"

依依："啊，是。但奥数是下午放学后上，下午只有两节副课，不会太累的。我们班上好几个同学都在上本校的奥数课。"

"噢，你是不是想和同学们在一起学习，这也是个很好的选择。与好朋友在一起上辅导班更容易，更轻松。你们班都有什么同学上那个奥数呢？"

依依："他们都是班上成绩很好的学生。"

"是不是你更喜欢与班上成绩好的同学们在一起参加辅导班？"

依依："是的，我们成绩都差不太多，在一起学习更方便，有问题时相互交流也容易一些。"

"噢，你是这样考虑这些事情的，没问题。你参加学校的奥数班，需要我们做什么呢？"

依依："我要先参加一个考试，考上了就能进辅导班了。老爸只要负责交学费就可以了。"

"没问题，老爸支持你！"

通过和依依的交流，我了解了她的心理。她在师大的辅导班有不同年级的同学参加，另外，她与陌生人在一起学习，也缺少与朋友们共同学习的乐趣。于是，我开始与她做角色转换。

"依依，老爸现在遇到一个困难，我想和你商量一下，征求你的意见。"

依依："什么事？"

“我想从师大辞职，找一个更好的工作，因为单位里有一些人职务比我高、工资比我高，而我为此感到有压力。我现在不想干了。”

依依问：“老爸，那您想干什么呢？”

“如果我想离家近，可以在咱们这楼里开电梯，这样随时都可以回家，也不用出楼就可以上班了，只是工资待遇低一些。”

依依说：“这可不好，工资太低了，听姥姥说一个月只能挣几百块钱。”

“要不然，我去深圳给韩全胜叔叔做助手，工资待遇就会高很多，心情也会更好，只是一年只能回一次家，平时见不到你们了。”

依依着急地说：“不行不行！”

“要不然，我就出国待几年去。就像刘浩的爸爸一样，到瑞士去五年？我们也可以通过电话或网络及时联系。”

依依急了：“不行，不行！坚决不行！”

“我开个公司？自己说了算，再找几个打工的，给他们开工资就行了。”

依依说：“好啊。”

“可是，如果我自己开公司挣不来钱，还要给别人发工资，咱家不是不仅没收入了，还要往外支付工资么？”

依依说：“那你可以还在单位里上班，再开个自己的公司，不雇人。这样我觉得挺好的。”

“其实，我也会为这些事情发愁，为工作的事情感觉到困惑。北师大有那么多教授，那么多博士生，目前看来，我不可能脱颖而出，可能还不及中等水平。有时也会考虑，离开北师大这个环境，找个差点的地方，我也许会成为小有名气的人呢。如果我回老家，那就是个大知识分子啦。可是，如果我离开这个单位到别的地方去，压力是没有了，我如何知道自己的差距，怎么进步呢？”

依依说："那你还是在现在的单位里工作吧，老师说有压力才有动力，业余时间你可以做些别的事情啊。"

"我们的观点是一致的，我在工作上也会遇到压力，知道了差距也会采取你建议的更积极的态度去面对，知道自己的不足才更会学习。我现在也是个学生，与你面对学习的感受是一致的。"

依依说："老爸，我知道你给我暗示呢。您让我劝您，其实是在说服我自己应该如何选择。"

"无论工作、生活还是学习，许多道理是相通的。我尊重你的最终选择，因为你已经明白其中的道理了。"

依依坚决地说："我报考一下本校的奥数班，师大的奥数我继续上！"

"师大奥数班的同学来自很多学校，不仅仅有海淀区的，还有其他学区的学生，很多学生都是很有名气的学校的，大家聚在一起学习，差距自然也就拉大了。"

依依说："我知道，我还是有些压力，我希望自己的数学能像英语一样在辅导班上有优秀的表现。"

"老爸知道你是个要强的孩子，如果在强手面前仍然能够保持镇定，你就很了不起了。老爸给你介绍'社会比较'这个心理学概念。"

依依问："这个概念是什么意思？"

"社会比较是一种普遍存在的大众心理现象。人人都自觉或不自觉地想要了解自己所处的地位、能力和水平如何。只有通过与自己所处环境中的他人进行比较，才能真正认识到自己，才能认识到自己的价值和能力，对自己作出正确的评价。通过社会比较能够让自己有个清醒的认识，找出自己和别人之间存在的差距和优势。依依，你也在与别人做社会比较。向上比较有利于找差距，向下比较让我们自己感觉舒适，提升自尊。"

依依说："老爸，我明白了。"

"爸爸相信你，认为你有能力处理好目前遇到的问题。"我说。

之后，依依继续在师大上奥数班，也通过了学校的考试，两个班同时进行。

[分享]

当孩子遇到问题时，通过与孩子认真交流，才能了解孩子的内心世界，洞察孩子真正的问题。

如果简单地支持或反对孩子的选择，未进行深入的了解，孩子在成长过程中再遇到类似问题时，仍会继续以往的方式。

孩子头脑中已经有许多生活理念，他们知道什么是正确的。如果家长仅仅是再次给孩子正面的教育，并不能让孩子有所提高，不如让孩子自己分析，让他们去评判和指导。

# 亲子银行储蓄与贷款

一日，一位同学李女士带着亲戚5岁的女儿前来，说孩子胆小怕事，希望我帮忙看看孩子的表现，对孩子进行具体指导。

李女士介绍说孩子的父亲是她表弟，这对夫妻对待孩子的态度上有分歧，在教养方式上有明显的差异，并在孩子面前毫无顾忌地争吵，在她面前也毫不掩饰彼此的态度。

一次，他们因为孩子的一些事情又开始争辩。她在另一个房间仔细听他们之间的对话，也在用心“听”孩子的表现。听到孩子在说：“爸爸妈妈你们别大声说话了，我不想让你们再吵了。我求你们了。”

孩子的话，并没有阻止夫妻二人的争执，大声争论依然继续。当说尽一切想说的话后，声音戛然而止，进入沉默状态。一种静，一种可怕的争吵之后的安静。

我抱起孩子，轻声问她：“你说不想让爸爸妈妈大声说话，他们经常大声说话吗？”

女孩胆怯地点头说：“是。”

“你愿意让爸爸妈妈小一点声音说话，请他们不要争论，是吗？”

女孩说：“是。”

“当他们大声说话时，你想什么了？”我继续问。

“他们不是好朋友了，他们生气了。我不想看他们这样。”

我和孩子聊过一会儿后，让孩子在房间里拿玩具玩一会儿，转身与同学先做简单交流，谈我对孩子的初步看法，特别强调生活在争吵中的孩子，可能会有的种种表现，并可能将来复制父母的生活模式。不经意间我做了一个比喻，即：营造一个良好的亲子教育氛围，创造和谐的家庭生活环境，如同在孩子成长的银行中做了储蓄，这一笔储蓄可以作为孩子独立的启动资金，借此她可以与人友好相处，能够独立生活，发挥自己的才智。如果孩子生活在不和谐的家庭氛围之中，亦如在银行中做了贷款，尽管每次贷款不多，但日积月累再加上高额的贷款利息，这一笔账会记在父母身上，当孩子发生一些重大问题时，这笔账将需要父母一并还清，那时再想挽回，也许就力量不足了。

我对李女士强调说通过我的观察，建议家长带孩子做感统训练，能够在一定程度上帮助孩子调整。

在我所参与的电视节目中，一些家长因为对子女的教养方式有问题，导致子女长大后产生一系列心理问题，家长悔之晚矣！

我这一番话说完，李女士进入了沉思状态。她表示一定要将核心内容转告给孩子父母，并建议孩子父母一起前来做咨询。

孩子的父母在第二个月前来咨询，他们表示因为出差没及时过来，刚刚做完感统训练，已经坚持一年多了。

我问道："孩子经过这段时间的训练，有什么明显的变化吗？"

孩子父亲说："变化是有，但我不知是因为参加感统训练的变化，还是因为我态度的变化导致孩子的变化。以前我很少控制自己情绪，时常对孩子发火，一旦看到她的毛病我就急得和孩子大声喊叫。把教育孩子的责任推到老婆身上。上次我表姐带孩子过来，详细地把你们的谈话转达给我。您提到的对孩子成长储蓄和贷款的比喻，我想了许多。我们的方法的确是从孩子那里贷款了，对孩子指责、命令、比较、要求十全十美……孩子没做到，我们要求却越来越高，为此我们两口子经常争吵。我的确是想让女儿与别人家的孩子一样，处处受到表扬，却很少关注孩子的优点，结果孩子的优点没有发扬，缺点却越说越多了。现在我也意识到了自己的问题，我也不想连本带利等到孩子问题更多的时候再一并偿还，我们在孩子成长的路上多做一些储蓄吧。”

“我们都有到银行贷款的经历，我们也知道银行贷款不是件好玩的事情，谁贷款谁偿还，我也在考虑这个比喻的适切性，的确有一定道理。”我转身问孩子：“宝贝儿，你感觉最近爸爸妈妈有些变化吗？”

“他们不大声说话了，爸爸妈妈不和我急了。”孩子说。

“你愿意与现在的爸爸妈妈相处还是想和以前大声说话的爸爸妈妈相处？”我继续问道。

“当然是现在的爸爸妈妈啦。”

我看到孩子父母脸上的笑容。

[分享]

态度改变，一切跟着改变。我们不知不觉中对孩子的小小伤害，并不会立竿见影，即刻见到不良的效果，它只是一种潜移默化的影响，而良好的教养亦然，但孩子一点点的进步，都将为他将来的成长提供巨大的支持。

“储蓄还是贷款”，这是一个令家长深思的问题。

# 公开给女儿的致歉信

2006年的父亲节即将来临，依依早早地开始做手工，希望自己亲自动手制作一件父亲节的小礼物。另外她也开始向姥姥学习把饺子包得更漂亮的技术。依依知道我最爱吃的就是饺子，她希望在父亲节的晚上为我包一顿饺子吃。

看到依依如此用心，我为她的行为而感动。依依越来越懂得关心和感恩了，家有如此宝贝女儿，真是件骄傲的事情。一转眼，依依就12岁了，想想自己还有许多处理得不够好的方面，思绪纷飞，内心深处涌现出对女儿的许多歉疚。于是，打开电脑在博客上公开书写向女儿的致歉信：

我亲爱的女儿：

在父亲节来临之际，爸爸希望能真挚地向你表达歉意的时候，竟不知从何处说起。如同今日清晨，我们在简短的十几分钟内的交流一样，话语虽多，却没有仔细斟酌，更无条理。

想当年，姥姥退休了，我与妈妈协商生个孩子，趁姥姥身子骨硬朗，能帮助我们带孩子，于是便有了你。而那时我似乎心智成熟度尚且不足，家庭经济情况更是捉襟见肘，只是心中明白姥姥、姥爷一定会在经济上给予我们资助。事实上也的确如此，姥姥、姥爷在你身上投入了大量的时间、精力和财物，他们在你身上付出的关怀和爱远远超过对自己的孩子，我永远感谢他们在你身上付出的心血。但对我而言，从计划生育之初，就做好了推卸责任的打算，自己的子女交由亲属代管，把自己应该承担的责任分派给亲属，这种想法和做法是欠缺责任感的表现，请你原谅。

在妈妈怀孕期间，我未意识到要给妈妈提供一个更宽松温馨的环境，使她在孕前孕后享受更多的快乐时光，妈妈的良好心情对未出世的你性格影响极大。那年我二十几岁，大多时间还跑去和同学、朋友玩耍，而摸着妈妈的大肚子对你讲话的次数也明显不足，对你的胎教不充分。想起那段时光，深表内疚，你们才是我最最重要的亲人，是我最最爱的人。请你与妈妈原谅我的过错。

在你出生之后，家中的生活都变得复杂了，无论是家务事还是面对一个新出生的你，我无所适从，因为在你出生之前我还未充分学习和掌握父亲这门技术，不知该如何扮演一个合格父亲的角色，糊里糊涂就成了你的父亲。我缺乏最基本的身为父亲的常识，整日手忙脚乱笨拙地应付你的哭与闹。对于自己的无知，请你原谅。

在你几个月大的时候，为了谋生或物质生活过得更好一些，我南下广东，没有与你一起生活，忽视了你最需要老爸对你启发智力的黄金时光。如今看来，根据发展心理学儿童心智成长的规律，进行早期智力开发、启迪孩子的成长，提供给孩子最好的营养是很重要的，我却错失了这一最好的黄金时段。还有什么比与女儿一起快乐成长更重要的？有多少钱可以换回对女儿的智能开发呢？对于错失你最好的智能发展机会，我请你原谅。在以后的生活中，我努力调整自己，让我们共同成长，共同享受生活。

回到北京之后，为了给家庭提供更好的物质条件，整日早出晚归，忙于使存款数字增加，忽视了与你的交流和对你的教养，有时还因业务的不顺，将恶劣情绪带回家中，导致妈妈生气，令你害怕。我应该管理好自己的情绪，将消极恶劣的情绪抛在门外，对给你们都造成了不良的影响，我请你原谅。我知道恶劣情绪具有传染性，我希望在我们的家庭中，将恶劣情绪减少到最低，让家成为一个充满快乐和温情的地方。

尽管你来到世间的12年间，爸爸妈妈从未发生过激烈的冲突，更未在你面前发生过争吵，但在你面前展现我们相亲相爱的情景还不够，对妈妈为家庭所作的贡献表示的感谢也很不足。我希望不要给你造成些许错觉：我认为妈妈应该一清早起床为大家做饭，那是她应尽的义务。如果你也有这样的态度，错误在于爸爸，我首先向妈妈表示歉意，感谢她这些年来为我们家庭所做的点点滴滴，感谢她辛苦地操劳。如果你能时常看到父母之间彼此关心和体贴，带着温暖和尊重关怀对方，那你就目睹了爱的过程，你也自然地将爱的种子播撒在心中，渴望爱的开花结果，你就了解了爱的真谛。

请你原谅爸爸没有起好示范作用，愿我们都有一颗感恩之心，感谢他人为我们所付出的努力。

值此父亲节前夜，反思我在家庭教育中的失当，我希望自己在以后能够做好自我调整，起到积极的作用，做一个优秀老爸。

爱你的老爸

写完这封信，打印出一份放在我的书桌上。在信封上注明：给我亲爱的女儿。

第二天下班进家门，透过窗子看到岳母、夫人和孩子正在包饺子，依然习惯性地说：“妈，我回来了。”

依依听到我的声音，抢先说：“老爸，一会儿您就能吃上我包的高质量饺子了。我送您的礼物在书桌上。”

我看到书桌上放着孩子亲手制作的贺卡，上面画着一个小姑娘骑在父亲脖子上观风景，旁边写着一行字：“老爸节日快乐！有爸的孩子是个宝。爱您的依依。”另外还有女儿写的一封信：

亲爱的老爸：

我看您写给我的信了，老妈也向我讲了您为家庭付出了许多许多，您是个伟大的老爸。有您这样的老爸，我很幸福。

今天我和妈妈看了您的博客，您的那段《我爱我家六行为》令妈妈特别感动，也许您从来没有向妈妈直接表达过，但看您的文字，我知道您早早就那样做了。您写道：

行为一：像对待客人一样对待她们，为她们的任何付出表达尊重和感激。

行为二：以实际行动，把外面挣到的那点儿散碎银两交给夫人，不必让她为生活费用担心，而且还要经常表达出来：“亲爱的”“我爱你（们）”。让她们体会到物质文明与精神文明同步前行。

行为三：时间管理的原则是“要事第一”，因此，永远优先将时间分配给家庭，多一点时间与孩子沟通，再多一点时间陪夫人聊天。拒绝一些无意义的聚会和不必要的应酬。

行为四：家庭不是一个说理的地方，在家庭成员情绪不快的时候，尽量给她们更多的理解和支持，管理好自己的情绪，体谅家人的情绪，尽可能做到耐心倾听，协助她们处理遭遇到的麻烦。

行为五：时常与家人有肢体的接触，握她们的手，抱她们的肩，亲她们的脸，尽可能通过这55%的肢体语言传递“爱”的信息。

行为六：每日早晚功课，在心中为她们祈请健康快乐：“宝贝儿，我爱你”、“祝你们更快乐”、“愿你们有好心情”、“健康属于你们”。将真诚的“善念”以心传心。

老爸，我也会用一系列的行动来报答我的亲人们。

读完依依的信件，我体会到我的行为对依依的影响，也感受到女儿越来越体贴，更懂事了。

## [分享]

维吉尼亚·萨提亚在她的著作《新家庭如何塑造人》中，充分地理解和体贴父母角色，她写道：“在最好的情况下，父母的工作也不容易。父母在世界上最艰难的学校——育人学校教书。你们是教育委员会，是校长和班主任，还是看门人，所有的事情都合在一起由你们两个人决定。你被期望成为生活和生计中所有事情的专家。当你的家庭成长时所有的这些事情都要跟着改变。更难的是，世界上没有几所学校能训练你完成你的工作，并且关于课程的设定也没有达成统一，你只能事必躬亲。你的学校没有节假日，没有联盟，没有提升也没有加薪。你一直在上班，或者至少随叫随到，一天24小时，一年365天，对你的每个孩子来说都要至少持续工作18年。除此之外，无论哪种情况下，你不得不对付有两个领导或老板的管理部门。”

尽管身为父母不易，但一个新生命诞生前，父母就要为子女的成长担负起应有的责任：经济责任和教育责任。特别是教育的责任重大。在孩子出生之前要像为婴儿做物质准备一样，做好心理学和教育学知识的储备。否则只能自己在黑暗中探索、苦思冥想了。

家家有本难念的经，但是在问题和困难面前，只能分析问题，揭示真相；面对真相，审视思考；接纳现实，自我调整。否则就可能应了那句流行语：孩子的问题不是孩子的问题，是家长的问题。

# 孩子受气求助家长

依依读五年级了，吃完晚饭一家人下楼散步。我给她讲了最近接触到的一件事：

张乐是一名小学六年级的学生，近来对妈妈的意见越来越大，他始终搞不明白妈妈为何这样对待他。尽管妈妈一再向他表白“妈妈爱你”，但是张乐却无论如何也不能相信这种爱，他开始怀疑自己是被抱养的孩子，他认为妈妈的做法让他心痛至极。

张乐的妈妈是位大学教授，知书达理，父亲是机关中层领导，他们对孩子的教育可谓用心良苦。他们认为自己对孩子的教育是正确的。他们从来不打骂孩子，更不溺爱孩子，传递给孩子的都是有益的信息，特别是妈妈，搞不明白为什么自己爱若明珠的孩子越来越反感自己。她怀疑孩子的叛逆是青春期来临的象征，但通过观察孩子的身体并未发现青春期的迹象。

说来这一对母子之间的矛盾由来已久，只因最近张乐与妈妈的对立情绪越来越强烈，令妈妈吃不消。

在学校里，学生之间有些冲突和矛盾是正常的事情。有淘气的孩子不讲理打骂了谁，引起一场战争也是司空见惯的事情。有人喜欢向老师告状；也有老师未问清缘由各打五十板的时候；也有家长心疼孩子，看到孩子身上有一点点皮肉伤立即向老师讨要说法，或者直接与当事人家长面对面的。这些事件一般发生在小学生身上，而张乐也不例外。

一日，张乐与同学玩耍时，不小心撕了同学的衣服。老师请了双方同学家长到学校解决问题，张乐妈妈马上表态请学校再为同学订制一件校服，全部费用由自己支付。而另一日，张乐在体育课上被同学追逐，衣服也被撕破，张乐妈妈在学校表态说，孩子们一起活动难免出现这些问题，没什么大不了的事情，自己回去给孩子补补就行了。

一次，张乐与同学玩恼了，两人动起手来。同学的妈妈一见到张乐的妈妈就开始质问："你怎么教育孩子的？看把我孩子打成这样！"张乐妈妈连连说："对不起、对不起，我回去一定好好教育他！"

又一次，张乐哭着回家了，他说放学路上自己莫名其妙地被同学从背后用力推搡了一下，脑袋磕在了墙上。张乐妈妈一边带孩子去医院，一边安慰孩子说同学之间互相逗着玩，不是有意打伤他。

即使明知道张乐无辜被同学欺负了，张乐妈妈也永远是那句"吃亏是福"。

张乐实在无法理解妈妈这种"吃亏是福"的态度，张乐在想，同学的妈妈看到自己孩子吃亏了，对别人不依不饶，还有替孩子打架的，怎么自己的妈妈就这么懦弱无力？一方面张乐暗暗地恨妈妈不作为；另一方面，他也变得沉默，越来越没自信了。他与同学的关系也逐渐疏远，不再与同学追闹，操场上少了一个活泼可爱的孩子。在张乐的心中，无数事实证明：他错了，妈妈会批评教育他；如果他吃亏了、有理了，妈妈也会轻描淡写地说上一句："大家都是同学，没必要太计较，吃亏是福。"

而张乐妈妈看到孩子态度的变化，孩子多次向她表达的对其处理方式的不满，特别是老师也来电话告之张乐在学校的种种表现，才对问题重视起来。张乐妈妈开始思考自己一贯坚持的正确教育，莫不是也需要做些与时俱进的改进？

张乐妈妈教育孩子表现出的是自己做人的原则。她在单位中也一向坚持"礼让三分、吃亏是福"的信念，也曾多次"吃亏"，在密友圈中素有"傻大姐"之称。张乐妈妈在教育孩子方面采取的大事化小、小事化了的息事宁人方法，表面看来很厚道，而实质却可能是不折不扣的逃避问题的态度……

我讲完这个案例，依依说："老爸分析得对，张乐的妈妈不知道如何处理这样的事，不想引火上身。"

"假如这事是你遇到了，会怎么办？"我问。

"能自己处理的就自己处理。用不着给老师打小报告。如果这样的事我告诉了老爸，您一定不会一口否定我，而会首先听听原因和结果，然后再和我一起讨论。"依依说。

过了没几天，依依的故事就发生了。

依依有个叫杜磊（化名）的男同学上课时总出其不意地揪周围女同学的头发。女生将事情转告家长后，家长到学校找老师要求调换座位，远离杜磊之后，此事也就算解决了。于是，杜磊身边的女生像走马灯一样接二连三地换人，老师也找过杜磊家长，并与家长一起批评杜磊的捣乱行为，但都没有效果，杜磊继续我行我素。

老师调座位，把依依调到杜磊的前座，依依同样受到杜磊的特殊待遇。

放学回家，依依首先向我讲了杜磊揪她头发的事情。

我听到后说："他揪你头发，影响你上课，你气坏了吧。是不是也想用个什么办法收拾他一下？"

"我今天已经警告他了，如果他再敢揪我头发，后果自负。"依依气愤地说。

"看来你要动真格的了。"

"老爸，你去和老师说说，我也换座位，不挨着他。杜磊太烦人了，老师和女同学没人说他好。"依依说。

"好啊，我明天可以去见老师说这事，咱惹不起可躲得起。可是，如果换了座位之后，假如你身边的同学还有其他问题怎么办？比如上课是不是有说话的，是不是也有个别同学上课睡觉还打呼噜的？找老师调换座位是一种方法，除此之外，还有什么方法？咱们一起想想，也许还有更好的主意。"

"我把他书包扔出去，我摔他文具盒，把他桌子掀翻。"依依大声地说。看来杜磊真把依依惹火了，她从未有这样失态的表现。

"这样欠收拾的男生，就得有人出来管管。不然他会觉得同学们都软弱好欺负。你那样做之后，同学们可能会有什么反应？"

"大家一定会拍手称快！女生早就说应该教训教训他。"的确如此，与依依一起在楼下玩的时候，遇到依依的同学和家长，与他们聊起过他们孩子被杜磊揪头发的事，那位家长也是找老师给孩子换了座位，就算解决了问题。

"看来你要'为民除害'了。之后，杜磊可能会怎么样？"

依依说："他也许会扔我的东西吧。有老师在课堂上，不会出现太大的意外，我估计老师看到后会先把我和他叫到办公室里批评教育。"

"那时你怎么办？"

"我向老师解释杜磊先揪我头发，不然我不会这样。"

"如果老师说一个巴掌拍不响，两个人都有责任，你怎么办？"

"我先向老师认错，我影响课堂纪律了。"

"如果这时老师要求两个人互相认错，你怎么面对？"

"我也向杜磊认错，我扔他东西不对。估计不用赔他什么，我扔的时候轻一点，不会把他的东西弄坏。"依依轻笑着说。

"小滑头！很有心眼啊。"我接着说，"刚才是我们推测的一种情景，你先解释为什么会发生这件事，然后在老师要求下开始道歉，有没有一种推卸责任的意思？怎样会更好？"

依依想了想："那我就不解释发生的起因了。大家都知道他揪女生头发，我首先向老师认错，然后向杜磊表示对不起，希望以后友好相处。如果老师问我原因，我再解释杜磊揪我头发的事情。"

"现在我们想出了两种方法，后一种方法具有挑战性，你要不要试试？也许结果并不像咱们设想的那样复杂。而且从此之后，杜磊有可能收敛许多。"

第二天课堂上，杜磊果然再次揪了依依的头发，依依转身抓起杜磊的文具盒扔到了后面。杜磊第一次遇到如此"强悍"的女生，一句话也没说。老师听到小动静，也没发现有什么大碍，继续讲课。

课后，依依找到杜磊说："昨天，你揪我头发时，我警告过你。今天你还揪，我不客气了。我再次警告你：如果以后你还敢揪我头发，我还会用更厉害的办法，不信你就走着瞧。你现在找老师告状也行，请你家长来也行。你以为老师会向着你吗？我也有家长，你以为我爸爸来了会怕你家长吗？我告诉你，我爸爸是散打教练！七八个人一起上都不是我爸的对手，你可以把你们全家人都叫来！”

杜磊竟然无语了。之后，杜磊再也没揪过依依的头发，而且两人相处得很不错。

依依学习了解决问题的办法，尽管还有许多不尽完美的地方，但她敢于面对并承担自己能够解决的问题，这是孩子成长之路上的必修课。

[分享]

孩子与同学之间，难免会因一些琐碎的事情而发生矛盾。有些家长袒护自己的孩子，而有些家长即使孩子有理也一味批评自己的孩子。前者纵容孩子，将来可能犯下更大的错误；而后者，导致孩子心理很受伤，认为无理可说，没有正义。

当孩子向家长反映在学校中的问题时，首先，耐心倾听孩子，作出基本判断。通过倾听，判断孩子“受气”程度，如果身体受到一定程度的伤害，家长一定要出面联系老师，通过老师联系有关同学和家长，为孩子进行医学鉴定，以免造成终生遗憾。这种做法不仅是爱孩子的表现，也是对肇事同学的责任感教育。对于蛮横无理的家长，收集相关证据，可通过法律解决。

第二，同龄孩子们相处的时候，难免有一些摩擦，在没有人身伤害的前提下，孩子们之间的问题让他们自己去解决。在家庭中可以进行情境演习，家长引导孩子学习处理问题的方法。

# 你是我最好的舞伴

元旦前，保健时报记者、老朋友邱女士前来采访。我们海阔天空地漫聊着。最后锁定选题为：被忽视的孩子。

我讲道："丁丁，6 岁，父母都是高级知识分子。按道理说，这样的家庭组合是很多家长梦寐以求的，认为孩子在这样的知识氛围下能得到较好的熏陶，可丁丁却偏偏不是这样，从进入幼儿园以来，从园长到老师对她的评价都是'不喜欢'、'人际沟通有困难'。"

邱记者说："家长一定特别着急，您怎么做的？"

我继续说："我在帮助丁丁做心理咨询的时候，发现丁丁的父母工作很忙，常常会把没有做完的工作带回家做，而这样就没有更多的时间来陪丁丁。从 2 岁半以后，丁丁就是独自一个人在玩，看电视，玩简单的电脑游戏，成了一个名符其实的整天在屏幕前度过的'屏幕儿童'。"

我解释说："在儿童的成长阶段中，2—3 岁是一个学习和探索的阶段，这个阶段既是口头语言发展的关键时期，也是视觉发展的关键时期。家长忽略了这个重要时期，使得丁丁没有得到很好的主动的语言发育，而是在被动地接受电视传播的声音讯息，这样就限制了他的思维模式发展。同时我发现，丁丁有不自觉地搓手指的现象，这种现象在幼儿园也出现过。由于丁丁长期按鼠标或键盘还有遥控器，一旦不摸就会感觉手指发痒，只有通过不停搓手指，才能缓解。而长时间被动地接受信息，导致了丁丁的语言发育障碍，他有话说不出，呈现出'结巴'的症状。"

邱记者说道:“这样的症状，无论是孩子还是家长都会格外焦虑。”

我说:“是的，除此之外，丁丁时常有揉挤眼睛的现象，这是由于长期注意力集中于玩游戏或看电视导致瞬目次数减少（正常情况下每分钟瞬目10次以上)，令眼球表面干燥，从而引起痛痒和异物感。”

我进一步解释说:“在儿童2岁左右是第一次反叛期，在这个时期，儿童会形成自我意识，在语言表达能力欠缺的时候，可能会做出另外的一些引起家长注意的行为，比如梗脖子，做鬼脸。家长如果仍然忽视的话，就会让孩子继续这样下去，等到该上幼儿园时，就会显得不合群，与其他的孩子格格不入。”

邱记者关切地问:“这孩子现在怎么样了？”

“在我的建议下，丁丁已经接受了感统训练和语言训练。感统训练是感觉统合训练，包括提供前庭、平衡、本体和触觉刺激的活动。通过生动活泼的游戏将各项感统训练项目串联起来，吸引儿童参与各种活动。而在语言训练的过程中最重要的就是要有耐心和毅力，不停地鼓励孩子说话，每说一遍都给予奖励，这样就能慢慢地缓解孩子的症状。”

邱记者问:“马健老师，您的孩子在成长过程中，一定不缺乏您的关注。”

“是的，不同阶段都有不同的关注内容和形式。”我说。

采访结束，我晚上回到家中，将邱记者采访的内容与依依做了分享，发现依依对这些内容愈发感兴趣了。

依依已经12岁了，个头长到155，也算半个大人了。

吃完元旦晚餐，与依依协商:“老爸今天教你目前在学校学不到的内容。那也是我的最强项。想不想学？”

“当然。”依依回答。

“跳交谊舞，你没学过吧？”

“没有，我们只学过广播体操。”依依说。

“你4岁开始学习音乐，尽管咱们没参加考级，但作为个人修养，你也是抓时间很尽心地练习小提琴。我认为，你的乐感很强，听节奏一点问题都没有。有这些基本素质，学跳交谊舞就是一件容易的事情了。”

放着悠扬的音乐，先让女儿感受节奏。然后教她学站姿、手势、眼神、神态、步伐。仅仅一支曲子下来，她即可自如地跳华尔兹的基本步了。

她的接受能力很强，学得非常快。

之后，我尝试着教她略显复杂的“北京平四”。“北京平四”以欢快、花样儿繁多而风靡舞场。两支曲子没放完，她又运用自如了。

女儿说：“老爸，这么简单的舞，我一个晚上就全学会了。有没有难度大些的。”

“有啊，我找个时间教你国标吧，不过跳国标可是要求很高的，在电视上你也经常见到的，首先是身材，不过，要想跳好，我也要减减体重了。大学毕业时，我才110多斤，现在都150斤了。今年年底教你吧，我努力控制一下体重，重穿舞靴。”我说。

“那好啊，祝减肥计划成功！”女儿高兴地说，“妈妈跳得怎么样？让妈妈陪您跳一曲。”

夫人走过来，我们比划着，依依说：“妈妈走错了，妈妈太主动了，没有按老爸的命令跳。”

我告诉依依：“自从结婚之后，我很少跳舞。我已经挂靴十多年了，主要原因是妈妈不喜欢这些。但通过教你跳舞，我发现自己找到合适的舞伴了。”

依依说：“老爸，你是说我是你最好的舞伴么？那咱每周都挤出些时间练习练习。”

“你读中学后，学校会开设许多新课程，也许将来你所在的初中有交谊舞或国标课呢。我提前给你做个扫盲工作，到时候也许你就能有优势去选课了。”我说。

“感谢老爸。咱再巩固一下华尔兹？您多教我几个花样吧。跳舞挺好玩的。”依依说。

随着熟悉的音乐，我找回了大学舞场的感受，依依也兴奋地跳着。

[分享]

父母追求事业成功时，会忽视对孩子的关注。而一旦错过最佳教育时机，挽回的难度将增加。

不同的人选择有差异的生活方式，这与家庭提供的生活氛围和状态有密切的关系。尽可能让孩子沐浴在多种不同的生活情调之中，给孩子体验和接触的机会，孩子才能够有能力选择自己需要的生活。

家庭应尽可能通过活动让孩子体验多彩人生。教孩子跳舞不仅可以锻炼身体，提高孩子的身体素质，同时可以增加身体的协调能力，修身养性，陶冶情操。

特别在青春期，通过跳舞可以让孩子将多余的能量宣泄出来，经过长期的练习，可以让孩子举手投足间变得优雅。

# 女儿是我们的开心果

下午，早早地从单位溜了出来，4 点多钟就回到家中。夫人和孩子早上起得晚，她们匆忙上班、上学忘记拿钥匙了。

5 点半，女儿继夫人之后进了家门。他喜欢去学校，几乎每天回家都是乐呵呵的。愿意去上学比成绩更重要。依依在学校与同学相处得很好，前几天生日，她收到同学赠送的大量生日礼物，我建议她请一个搬家公司的车，把礼品拉回家中。

依依依然唱着自己喜欢的歌曲，摘下耳机，大声说："亲爱的老爸老妈，各位朋友，各位来宾，我有个好消息要通报大家，请各位就座。"听声就知道她一定取得了什么好的成绩或受到了老师的委任。

夫人放下手里的活计，从厨房擦着手走出来，我从书桌前转身面向女儿。

夫人说："要不要等会儿再说，我去洗洗耳朵？"夫人时常这样调侃。

"好东东，一定要洗耳恭听。"我配合一下。

依依喜上眉梢，说："情况是这样的，今天是物理课第三次周考，第一次周考，我 84 分，位班级 14 名；第二次周考，我 90 分，位班级第 7 名；这第三次周考，大家推测一下我的结果吧。"

我连忙接上她的话："这还用推算？就以你最近对物理课的兴趣，前五应该没问题的。"女儿上初二了，新开设了物理课，现在学习"光"的内容。

“往好的状态想。”依依脸上流露出骄傲的表情。

“前三名。”夫人说。

“再往好的状态说。”依依“不屑”于夫人的回答。

“第二？第一？”

女儿拿出周考卷子，上面红笔标着96分，旁边用红笔圈了一个“②”，她得意地说：“经过本人的努力，我第2了。我终于二了。”

“来，我先拥抱一下亚军！”我走过去，和依依拥抱一下。

“亲娘，您不想与亚军拥抱吗？”依依看着夫人说。

“我排队等着呢。”母女拥抱在一起。

“我们欢迎获胜者致辞。”我带头鼓掌。

依依像模像样地清了一下嗓子，顺手从饭桌上拿起一个水杯，双手抱在胸前：“感谢我亲爱的爹地，感谢我亲爱的妈咪，如果没有他们，就没有我的出生；如果没有他们的支持，我就不会取得今天的成绩。注，此处有掌声。”依依带头鼓掌，她继续说，“感谢我的物理老师，在他的帮助下，我每周都有进步，今天虽然仅仅取得了第二名，下一周争取拿第一。感谢我的班主任老师，他时常教导我说‘不想当将军的士兵不是好士兵，不想考第一的学生不是好学生’，在他的鼓励下，我的进步每天一点点。感谢我的语文老师，在她的教导下，我的语言表达能力有了大幅度提升，否则，我的致谢词会出丑。”依依亲吻奖杯，接着说，“感谢我的小学老师，如果没有他们对我的教育，到今天我还是个文盲。感谢CCTV，感谢MTV，感谢BTV，感谢所有TV，是你们的关注，促使我逐渐走向胜利。”说到此处，依依深鞠躬表达感谢，继续说，“当然更要感谢我自己，我是事件的主体和内因，如果没有我的努力，任何人的作用都不能发挥！”

我和夫人笑得前仰后合。

“行啦，行啦，宝贝！你不会是准备走宋丹丹的路线吧。”

一家人欢声笑语。生活充满了乐趣。

[分享]

笑一笑，十年少。有了笑声，就拥有了幸福和谐的家庭氛围。

家长应尽量为家庭营造温馨和快乐的气氛，幽默乐观的性格会大受欢迎。

孩子是一面镜子，能反馈出我们的内心。通过孩子的语言风格，我们能看到自己的影子。

# 女儿的三个心愿

明天就要中考了。面对考试，依依比家长更有压力。

转眼三年初中生活即将结束，当初原以为中考是件遥远的事情，没料到突然间就到来了。禁不住感叹：人生匆匆，令人来不及思考。

我看到依依还在找资料看，主动与她聊天，尽量让她放松心情，调侃说："依依，老爸这里有盏阿拉丁神灯，可以满足你的三个愿望。你许愿吧。"

依依说："三个？能多一些吗？"

我说："只能三个。"

"第一个愿望，我希望世界充满爱与和平，世间不再有战争和饥饿。"

"嗯？"

"第二个愿望，我希望德国队是冠军。"

"嗯？"我皱了下眉头。

"第三个愿望是：我希望可以精通四国语言。"

"哪四国语言？"

"德语、日语、英语、中文。"依依说。

"这高度、这胸怀、这口号，这哪里是出自一个15岁孩子之口？咱说点实的，咱家里能做到、你许愿后也能实现的。"

"爸爸，能给我换个手机吗？"依依问。

"没问题。瞧瞧这跨度，从关注世界和平一下转到个人用品了。什么价位？"

“您猜。”

“2000 以内。”

“再猜。”

“1500 以内。”

“低了。”

“1800。”

“低了。”

“3000？”

“低了。”

“多少？”

“7000 多。”

“日元？”

“人民的币！”

“7000 元买 3 个，咱家出门都用一样的手机。”我说。

“那我还是希望世界充满爱，人间充满爱，父亲充满爱吧。”依依说。

“父亲充满爱是‘小爱’，这容易做到。其他的爱是‘大爱’，我们力所不及。”我说。

“那您答应了？”依依追问。

“以你对老爸的了解，你认为呢？”我反问。

“您根本不可能给我买那么贵的手机，我也知道太贵了。”依依说。

“手机的事就算过去了吧。明天老爸忙完事，早一点回来。”

第二天，依依像往常上学一样自己去学校参加中考。我也早早做完事情，回到家中。一会儿，依依回来了。

一进门，依依就说：“老爸，我出了考场就知道语文丢了 2 分。”

我重复说："丢了2分？分，分，学生的命根。想吃什么，老爸负责去买。"

依依说："妈妈一会儿回来，您别管了。妈妈做饭比外面的好吃。"

十分钟之后，我听到门响，知道夫人回来了。

我立即拍了拍依依肩膀，递了个眼色，说："没考好就没考好吧，哭啥？谁能是常胜将军呢？"

依依马上配合着，带着哭腔："我作文没写完，阅读也没看明白。我明天不考啦。"

夫人进门就听到这样的对话，没来得及放下手中的东西，冲了过来："怎么了？怎么了？考砸了没事。大不了将来咱不上清华、北大了。"

我与依依相视一笑。依依说："上清华、北大需要努力。如果不上清华、北大，这个目标很容易实现。"

我夫人气愤地说："你们爷俩就欺负我这个老实人吧。"

……

中考成绩很快出来了，总分580分，依依取得了535分的好成绩。

[分享]

有些家长会将孩子的需求与考试分数结合起来，如果结合得好，可以给孩子动力。但我遇到的更多情况是这种结合成了孩子的压力。

孩子提出一个家长可能不能满足的高要求，如果家长以成绩作为交换条件，可能预期的可以正常发挥的成绩也难以达到。

# 词不达意与用词准确

我下班到家，已经接近晚6点了。

向家里人打招呼是家庭每个人进门后的第一件事。门一响紧跟着我一声高喊：“亲爱的，我回来啦！”

“老爸，辛苦啦。”依依正在聚精会神地低头做功课，她回应我一声，继续忙她的作业。自从读初中开始，作业量明显增加了。放学回家后简单吃点水果，大约休息一刻钟左右，无论家中是否有人在场，她立即着手做功课，这也是我们对她从小培养的习惯，小学三四年级已经达到自动化的程度。

很快，夫人把饭菜摆上桌，招呼着：“大马、小马，洗手吃饭啦。”

“好嘞！”我与依依异口同声地说。

依依与我向餐厅走的同时，她对我说：“亲家，我问您个问题。”

“什么？你刚才怎么称呼我？我没听清楚。”我睁大眼睛问。

夫人对依依说：“怎么跟爸爸说话呢？没大没小的。”

我拦住夫人，示意她听听依依怎么说，我相信依依这样说是有一些我们不明白的原因。仅仅指责她“没礼貌”，不可能从根本上解决问题，相反却可能导致依依感觉自己很委屈。于是说：“如果我没听错的话，你叫我‘亲家’了，是吗？”

依依似乎意识到这个“新词”有不妥之处，说：“是啊。”

“‘亲家’这个词，是你最近新学到的吧，跟‘亲家’说说从哪收获这么一个新词。”我说。

“我那天看电视，两个妇女关系特别亲密的样子，互称亲家。我觉得和您关系也特别亲密，以为这是个表达亲切的词呢。另外，在网上购物，虽然大家不认识，但也用‘亲’相互称呼。我们喜欢某位歌星的粉丝团，也在网上互称‘亲’，虽然大家也不相识，但表达的是一种亲切的情感。”

“噢，是这样。我明白了，我想妈妈也明白你称我为‘亲家’的理由了。我解释一下，你是要表达亲切的家人的意思，简称‘亲家’。但‘亲家’这两个字连在一起时，就有特别的含义了。‘亲家’表示夫妻双方的父母彼此相互的称呼，这里就不读 qīn 而读 qìng 了。”

依依说：“难怪妈妈说我没大没小，看来真是我理解有误。幸好这是在家里出丑，如果出了门对别人这样说，还不让人笑话死我？唉！咱在这方面显得无知啊。”说完，做了一个痛哭的假动作。

“老爸在最近读的一本书中提炼出一句话：有时看到、听到、感觉到的，未必像自己认为的那样。”我转达给了孩子和夫人一本书的精髓。

饭后我们休息一会儿后，一家人出去散步，顺便到鞋店把各自的皮鞋擦一下。

一进店，我们看到一个特别干净又可爱的小朋友在玻璃窗边玩耍，我主动与这位小朋友打着招呼：“哈喽。”

另一位擦鞋的女士马上接话说：“豆豆，叔叔和你说话呢，快问叔叔好。”

小朋友头也不回，继续用手摸着玻璃上的贴画。

“你怎么没礼貌呢，豆豆。”那位女士说。

“妈妈没礼貌！”豆豆说。

我对豆豆笑着说：“小帅哥正玩得高兴呢，一会儿才有时间和我说话，是吗？”

小朋友回过头来，说：“叔叔，我一会儿和你说话。”说完，转身来到我身边。

“我知道你的名字叫豆豆，上幼儿园了，对吧。”我说。

“叔叔你怎么知道我叫豆豆？你怎么知道我上幼儿园了？”小朋友问。

“那你先给我讲个幼儿园学过的故事，我再告诉你原因。”我说。

“那，我回头再给你讲故事吧。”小朋友说。

我笑着说：“一言为定。从现在开始，你只要回头就给我讲个故事。”

“好吧。”小朋友稚声稚气地说。

“豆豆，我脸上有什么？”我夸张地说着，顺手捂了一下脸。

小朋友马上回头说：“让我看看。”

我对小朋友笑着说：“你刚才回头了吧，快给我讲个故事吧。”

“不讲，就不讲。”小朋友干脆地说。

“豆豆，又没礼貌。”女士说。

依依伸手从口袋中取出一个小玩具，递给豆豆说：“小朋友，这个玩具，你喜欢吗？”

“喜欢！”豆豆伸手接过。

“快说‘谢谢姐姐’。”豆豆妈妈说。

依依说："豆豆太可爱了。"

"姐姐你也太可爱了。"豆豆说。

……

[分享]

"礼貌"对于小朋友而言，这个概念太空泛，尽管家长一遍又一遍地讲"没礼貌"，但始终没讲出如何才是有礼貌，对孩子的指导意义并不明确。与其这样，不如直接告诉孩子说："与叔叔说话时要回头看着叔叔的眼睛（当然，还有眼睛注视的区域，即，人体分为：公务三角区、社交三角区、亲密区域三个部分）。刚才你说回头给叔叔讲故事，现在你回头了，就该讲故事。如果说了不做，一会儿回家不让你玩玩具。"这样具体可操作，孩子也很容易就明白家长说的内容。

家长评价孩子的行为和语言，是基于自己的经验。一般而言，家长比孩子有更丰富的社会经验和对生活更深刻的认识，所以家长与孩子之间的信息不对等，仅仅以自己的概念指责批评孩子达不到预期的效果。当孩子出现"问题"时，首先要了解情况，问明发生的原因，然后再"具体"指导，让孩子实实在在明白"问题出在哪里"。

## 家庭成员评比揭晓

2009 年度岁末，身为初三毕业班的学生，依依学习明显紧张了许多，几乎每天都在熬夜。再有几个月就要中考了，我深知要强的依依会有一股压力。我很有必要想办法让她放松心情，过一个轻松愉快的周末。

各企事业单位都要进行一轮评选活动。学校也要评比三好生、优秀干部。常说家庭也要经营，我决定参照积累的丰富评比经验，将企业的运作模式移植入家庭，以单位惯用的评比方法，在家庭内部做一次评比。以无记名投票的方式，评选出 2009 年度最佳辛苦奖。

我和夫人一说，马上得到了她的呼应，我出主意她行动。周末晚上，夫人买回一束鲜花并在家中翻出一个红包，装上 500 元钞票。

为了确保“公正公开公平”的原则，我在家设计了一张选票，上面写道：

**最佳辛苦奖**

名位亲爱的家庭成员：

年年岁岁花相似，岁岁年年人相同。当爹的还是爹，当娘的还是娘。孩子无论长多大，永远都是爹娘的宝贝儿！

为了公平评比，大家不要考虑家庭中的角色，我们都是战士，我们就是战友，在这一年的战斗中，无论是否发过脾气，无论是否受过委屈，无论自己在工作、学习、生活三个方面付出了多少努力，也无论最终结果如何，即使天天读书不及格，即使天天工作挣钱不多，即使顿顿做饭都无人喝彩，这一切都不重要，重要的是自己不停地努力，付出大量的时间从事自己应该做的事情。学生以学为主，父亲挣钱为主，母亲管家为主，尽管分工不同，贡献无大小，都是新社会的好公民。

为了避免角色不同造成不公，我们改用生日代表人名。请在生日前面括号内画钩，以示你认可该公民为2009年度最佳辛苦奖得主。

（排名不分先后，按出生日位数排序，首先比较个位，在个位相同的情况下比较十位，以次类推。）

（ ）出生日期：0922—依依

（ ）出生日期：1118—妈妈

（ ）出生日期：0509—爸爸

选票制作完毕，其他一切就绪。我听到依依上楼的声音。

“老爸、老妈，我回来啦！”依依总是用如此轻快的声音与我们打招呼。

“回来啦，宝贝。今天你爸要在家里搞个小活动，然后我们出去吃饭。”夫人说。

我向依依说明评比的规则，夫人协助发放选票。我们三人背靠背评比、投票。之后，我们三人共同监督唱票。我大声喊道：“各位亲朋，三票一致通过：2009年度最佳辛苦奖得主是依依同学。请大家鼓掌。”我一转身按下CD机，播放着喜庆的音乐。

我极力拍手，夫人分别将鲜花和红包送到依依手中。

“依依同学，发表一下获奖感言吧。”我说。

依依见多识广，她首先向我和夫人鞠躬，然后优雅并熟练地发表了幽默的获奖感言。她深情地说道：“非常荣幸能获此殊荣，首先我要感谢我的DADDY、MOMMY，感谢他们为了我付出的辛苦，感谢我的姥姥，她以其勤劳向我示范了如何成为一个吃苦耐劳的人。同时感谢我的老师们，他们不辞辛苦的努力是为了创造我幸福的明天。非常庆幸这次评比的公正，以前总是把爸爸放在第一位、妈妈放在第二位，我放在第三位。所以历届最佳辛苦奖的得主都是爸爸，主要是因为大家不想再辛苦地往后看，第一个是谁就划谁，每次爸爸都是两票胜出。而这次……”

我马上插嘴说：“这次你也是第一个，但你三票。自己投自己一票。”

依依马上大声申辩说：“是的，咱家还有比我更辛苦的吗？每天6点多起床，天还黑着就去学校。天天晚上6点才回家，一周只有半天休息，晚上做作业还要到11点，差不多天天睡觉都到夜里12点。妈妈上班还能中午休息一会儿，没事时也能坐着打个盹儿。爸爸累归累，没事时还能睡个懒觉。你们就一个直接上级领导，把一个人哄高兴了就OK，我有多少个上级，我得哄多少人高兴？我容易吗？我不投自己一票，我投谁啊。我就是咱家最佳辛苦奖的不二人选。”

听到这里，夫人说：“我赞成依依获奖，绝对不二人选。”

我走上前又从口袋里掏出10块钱，递给依依，说：“其实前两年你也是最辛苦的人，只不过我们的排序是按年龄，我最大，当然就排第一个了，这是位置的优势，所以，获得最佳辛苦奖。我把前两年的奖金一并转给你。当爹的懂你，想当年我在农村念书也很辛苦，想当年我们天天9点下晚自习，9点半全校关灯，偷偷摸摸打着手电在被窝里看书。”

“二位，咱吃饭去吧。”夫人说。

“今年依依获大奖了，走吧，咱吃奖去喽，带上你的红包。”我说。

一家三口，就这样乐乐呵呵地找饭馆吃饭去了。

晚饭后，孩子继续她的功课，我依然体会着与孩子一起成长的乐趣。打开电脑，将此时的心情简短地记录在博客上：

> 15个春夏秋冬，有女儿的陪伴，发现自己变得更有爱心了，更知人生的光彩。而今女儿已经读初三了，四年之后，她也许在国内或国外，也可能在北京或许在异地就读大学，祝愿她越飞越自由，越来越幸福，愿她早日实现自己的理想目标，愿她保持较高的幸福度。

[分享]

学生的学习压力有目共睹，家长在强调孩子的学业成绩时，也表现出比孩子更焦虑的情绪，于是，一些家庭气氛略显紧张和严肃。

尽可能在家庭中营造一种轻松的氛围，让孩子回到家中感觉到身心放松的愉悦。家庭关系应尽可能民主，不仅要尽力与孩子平等对话，不必过于拘泥于家长角色和传统的“尊严”，更要学会与孩子一起游戏。放松自己的心情，孩子也可以随之喘口气。

家长的社会压力也很大，一些人会将外部造成的负面情绪带入家庭中。如果父母依照自己的情绪控制了家庭氛围，孩子就可能显得格外紧张，家庭人际关系将会疏离。

# 父亲思想传承在骨子里

五一回正定老家探望父亲，知道他习惯于早早地站在家门外等候我，所以，我故意通报消息说到家的时间比正点到家要晚两个小时，以免父亲站在街头翘首等待。

见到父亲，与上次相见时基本没什么太大的区别，他的形象已经固化在我的心中。他穿一件蓝色的上衣，戴一顶蓝色的帽子，略微有些驼背，谈话依旧条理清晰，走路也还稳健。

我每月都和父亲通话，问候父母的身体如何了，汇报一下生活状况。电话的那一端父亲几乎每次都重复着相同的语言："你一听到我的声音就知道我挺好的，我啥事也没有，身体不错，天天遛弯，吃得也挺好。你们在北京生活压力大，工作也忙，别惦记家里。你哥哥姐姐们每家都挺好，你放心好好工作。"

每次给家里汇款或者当面给父亲生活费，父亲总是说："我不缺钱花，你给我的钱根本花不完，你不要这样频繁地往家寄钱，再说家里还有你哥哥他们呢。"

我也会坚持自己的态度："您年纪大了，自己手头攥着钱，一旦有事心不慌，花不完您就先存着，万一家里哥哥姐姐们谁有点急事，拿出来给他们。"我的态度是：哥哥们出力照顾父亲，他们在农村挣钱更难一些，我多拿点钱赡养父亲是应该的，其中一部分费用是让父亲贴补哥哥们生活的。

老人经历了困难时期，舍不得多花一分钱。除了吃饭和日常必备的开销外，把钱都存起来了。记得一次父亲召集我们兄弟们开会，把存款分给了大家，并声明这存款主要是我给的，分给大家的意思是：如果万一生病了，医药费用从这笔费用中出，不需要哥哥们再掏自己的钱。

父亲是家中老大，早早承担起了家庭的重任，带着自己的兄弟姐妹生活，吃过不少苦，在今天得到全家人的尊重。

在我印象中，父母是从来不吵架的。我也不曾记得父母打过哪个哥哥姐姐。身边的伙伴们大多是在棍棒和呵斥中长大的，我与哥哥姐姐们，远离了家庭暴力。因此，他们各自的家庭也很少出现争执，夫妻和睦，彼此支持。

在我的印象中，更不曾有一丝的记忆是兄弟们对父母发脾气，更未发生过嫂子对父母言语不敬。所以，在我的眼中，大家庭也是平淡而宁静的，没有发生过什么轰轰烈烈的大事，但这种家人之间的相互支撑和协助，就是我认为的真实生活。

我承袭了父亲做人的方式和生活态度，特别是夫妻之间和睦相处方面，虽然刚刚结婚处于磨合期时有一点点冲突和矛盾，但自己还是尽力去做好自我调整。一旦有情绪，先围着操场跑十圈，把情绪调整好了再回家，累得连喘气都快接不上了，哪里还有心思非要和夫人论个你输我赢？

父亲没读过多少书，母亲直到临终前也不认识钟表上的数字，只凭生活经验判断蒸的馒头熟了没有。我上面有三个哥哥两个姐姐，在家中，我最小。

父亲对我的教育是不知不觉的，因为他文化水平不高，生活于石家庄郊区的一个小县城里，只能凭他的感受去教养我们六个孩子。

我从小也不是个爱读书的人，经常与小伙伴们一起淘气，因为周围有一大片菜地，到了夏季，会和别的小朋友们一起悄悄地找看菜地的叔叔讨要几个西红柿或茄子生吃，越玩越想玩，读书就放在脑后了。

大约是四五年级的时候，一天，父亲和我谈话，平静地问我还想不想念书了，我回答不想。父亲说不想念没关系，那就回家吧，礼拜天开始跟我下地干活。

我很高兴与父亲一起下地，工作内容是在玉米地里除草，我没干上三五分钟，兴致就没了，身上被划出一道道的血痕，浑身痒。我告诉父亲我不想干了，父亲说："那你自己回去吧，你知道路怎么走么？如果你能回家，你就回去吧。"

从庄稼地里回到家中我记不得有多远，也记不得回家的路，我回不去，我要求父亲送我回家。

父亲告诉我，他如果现在回去，今天就没有工分，家里人就会没有饭吃，他必须要做到中午才可以与生产队的其他人一起回家吃饭。如果我能自己回去就自己走回去，如果回不去，只有到了中午才可以。

我只好等待，那半天的时间过得很慢，我无助地在地头等着，盼着中午的到来。

紧接着的一个周日，父亲说要到石家庄去卖菜，要我和他一起去，我也很高兴，我还从来没去过市里。怀着喜悦的心情，我起了个大早，与父亲一起拉着手推车步行30里到了石家庄，这段路程，远比我能承受的路途遥远，我几乎走不动的时候，父亲说你可以推着车，但现在已经回不去了，只能向前走，菜卖完了，我们就可以回家了。

那是一个漫长的日子，我多么渴望尽快将菜卖完，早点回到家中。但那时的消费能力很弱，买一点菜要挑来挑去，人们会寻遍市场的价格才选择买哪一家的菜。天黑之后，菜终于卖完了。我几乎是步履蹒跚地与父亲一起走回了家。一进家门，我倒头就睡着了，那是我体验过的第一次“累”。

第二天，父亲问是不是喜欢卖菜，我说不喜欢，走得太累了。问我是不是喜欢下地干活，我说不喜欢。问我喜欢不喜欢上学，我说也不是太喜欢。父亲说：“你已经体会到了我的生活，如果想回家种地，家里不用准备什么，有铁锹，有种地的工具，如果想读书，拿起这只钢笔。无论选择做什么都得好好做。”

我经过权衡，选择了读书。父亲给了我体验生活的机会，给了我选择的机会，让我自己去选择自己的路，这是一种潜在的教育理念。从此，我认真读书。

我反思我今天的生活，都是我自己的选择，没有任何父亲强加于我的迹象。

我得到父亲的真传：做事有毅力、为人友善并真诚待人。虽然我读了不少书，但在骨子里教育孩子使用的方法还是父亲的方式，给孩子权利，让她自己去选择。现在看女儿，发现她与家人和同学的交往方式以及心态方面，与我如出一辙。感谢父亲。

[分享]

父母对孩子的关心和爱，是一种天性。而其表达的方式，往往通过指责、批评、讽刺、谩骂、暴力以及唉声叹气等消极负面的表现形式传递出“恨铁不成钢”的信息，结果是，父母的爱被孩子屏蔽和拒绝了，孩子无力从中去体会父母行为背后真实的心理。

父母应尽可能温和一些，注意对孩子说话的语气，管理好自己情绪。父母的一切作为，都如实展现在孩子面前，对孩子起到教育的作用。希望孩子将来成为什么样的人，自己先尽可能做好示范和表率。

## 初成长——写给青春期女儿的第一封信

家长都知道孩子小升初时选择一所优质学校很难，以至于提前几年就开始读“占坑班”、积攒各种奖项和证书。家长们希望尽早将孩子的学校落实下来，于是不辞辛苦地从一所学校跑到另一所学校。

一天一大早，我也带着依依的一大堆学校奖项的原件、复印件来到“占坑”三年的学校。选择这所学校有两个主要原因：首先是因为这所中学在海淀区口碑较好，其次，它离家非常近，上下学仅需十分钟左右的路。而户口所在地周边的其他两所实行电脑派位的学校的状况，只要选择一个放学的时间，站在校门口一看学生的精神面貌便知校风校纪不尽如人意。

我本以为自己赶到学校报名很早，一进门却看到报名点已经有许多家长正在办理登记手续了。

我与前面的一位家长聊了起来，刚好，她的儿子与依依是同校不同班的同学，看到她拎着沉重的手提袋，手里拿着孩子的简历，我问她：“这些都是你孩子的资料？”

她笑着说：“是啊，这些都是校外的奖项，校内的我没拿。”

我看着这些奖状，能体会到家长和孩子投入了许多的时间和精力。于是说：“这几年，孩子真不容易。”

她叹口气说：“是啊。孩子真是辛苦，学了很多东西，就是身体不好。不过也没办法，我们除了让孩子多学一些知识，增加一些竞争力之外，一点办法也没有。现在的各种特长班，虽然教委下令不得看证书，事实上哪个学校不看证书啊。”

“是这样。我孩子从 6 岁开始学游泳，身体不错。但没有哪一所学校为了证明孩子的游泳技术而专门建一座游泳池。这也不能算作特长生，现在的中学生运动会，也没有游泳一项。哈哈，不是特长就不是特长吧。身体最要紧，有了好身体想学什么都有本钱。”我说。

“你家里有背景吧，不然说话不会这样轻松。”她明显有些不屑。

“背景？我的背景就是我后面排队报名的那些人，你比我有背景，你排我前面了。”

“你真幽默。”她说。

我们说话这一会儿时间，后面又排上了几十人。“家长们都着急，一个比一个早。”我说。

“昨天下午人更多，我一瞧百十号人，给孩子报了个衔接班就走了。”

“衔接班你都报名了？太早点了吧。”我笑着问她。

“不然假期那么长时间，孩子干什么呢？早点学习初中知识，上初中不掉队。”她认真地说。

我在这所学校报名后，又到另一所学校填了报名表。

晚上回到家，和依依描述了报名情况，问她：“你最想上哪所学校？”

依依说：“我也参加过几所中学的学习，我觉得老妈所在学校的教师最优秀，他们对学生的态度和讲课的技术远远高于其他学校。只是离家太远了，路上时间太长，要跨海淀、西城、东城三个区。”

夫人说：“依依，不考虑路程，咱们可以在学校附近租房。”

我问：“依依，你最想上哪所学校？老爸、老妈努力让你到满意的学校去读书。”

依依明确而坚定地答道：“老妈的学校啊。”

由于夫人在学校工作多年，她与负责初中招生的校长交流过依依升学事宜，校长按学校规定收取了依依的特殊招生卡。自此，我们确定了依依初中将在那里就读，那是一所孩子满意的北京市优质学校。

孩子选择了她喜欢的学校，我们也为此感到高兴和快乐。兴奋之余，我们像更多家庭一样选择在学校附近租房住。

开学第一天，我们隆重地送依依到了校门口，看到她愉快而幸福的笑容，我知道她已经开启了人生的又一新篇章。

晚上到家，依依兴高采烈地讲着学校第一天的事情，从她的神情中读出她爱这所学校，喜欢这里的教师和同学们。

转眼，元旦将临，每到这时，我都会收到女儿自制的贺卡。我也希望借此之际通过一封书信传递父亲对女儿的关心、爱和期待，于是写道：

亲爱的女儿：

时光流逝，转眼间12个春秋已过，你已经步入了理想的中学。在升入初中的第一学期里，爸爸、妈妈欣喜地感受到你在老师的教导下成长着，我们分享着你进步的快乐。

谁也不能随随便便成功，它来自彻底的自我管理和毅力。自从升入初中以来，我们共同感受到你自我管理能力的提高，再也不是半年前那个随意的小学生的样子了，你对学业投入了更多的时间和精力，能够做到今日事今日毕，提高了学习效率。正像你常挂在嘴边的那两句话：“学习时的苦痛是暂时的，未学到的痛苦是终生的。”“我荒废的今日，正是昨日殒身之人祈求的明日。”亲爱的宝贝儿，你似乎一下子长大了，我们由衷地为你高兴。

我们都知道“机会是留给有准备的人的”。身为中学生的你，正处在为将来做准备的时候。成败与否，取决于是否拥有努力精神。在注重学习成绩的同时，也希望你在体育、文艺方面全面发展，尽可能按自己的能力表现出更多的才能。一个人愈有才能，机会眷顾他的次数就愈多，成功的可能性也愈大。

情商一词，对你来讲并不陌生。而且你记得："成功=20%IQ+80%EQ"，情商对一个人的成功有着重要的意义。你有良好的人际交往能力，与老师和同学能够建立并保持友好的关系，你热情和直爽的性格，值得称道，希望你继续保持这种特质，这是对生命的礼赞。

爸爸妈妈希望你拥有健康快乐的心理，一生做一个心理健康的人。常言道："只要心中有阳光，心灵的天空就不再有阴霾。"具有健康心理，你就能够迎接漫漫人生中的挫折和坎坷，能够以豁达的心理面对各种境遇，即使航行一生没有达到彼岸，也能让自己潇洒面对，能够问心无愧。经历过奋斗，有了人生的体验，就是成功的人生。

爸爸妈妈祝你成为幸福快乐的人！祝愿你的人生更有光彩！

我写完这封信并将它放在女儿的书桌上。

第二天，依依说："老爸，我看过您写的信了，相信我能做最好的自己。"

[分享]

写信似乎成了生活的"奢侈品"，特别是在小家庭范围内。现在家长大多工作繁忙而忽视了这一沟通手段。每天见面有话直接说，不见面时话长打手机，话短发短信。写信已经成为传统而久远的事情。

在我看来，写信是一种很好的交流方式，读信人可以体会到写信人的真诚和良苦用心。口头表达给人一种顺口一说的感受，听的人也就顺耳一听。

写信，可以抒发细腻的情感，可使用口头语言不便表达的词汇。写信，有些许的严肃和正式，能够较全面地传递写信人内心的声音。

[延伸阅读1]

## 宝宝抢走了婚姻的幸福?

孩子出生，应该是一个家庭大喜的事情，但热闹和快乐的场面过后，留下的却有繁华喧嚣过后的一丝寂寞和无助。

自从妞子出生以来，妞子妈像许多新妈妈一样，享受着一个新生命带来的幸福与快乐。夫妻二人协商决定为了妞子更好地成长，妞子妈全职照顾孩子直到3岁。没料到，半年不到，夫妻矛盾出现了。她对老公的怨言越来越多，一方面她照顾孩子非常辛苦，老公下班后不协助照顾孩子；另一方面老公脾气越来越大。而在妞子爸看来，妞子就像个“第三者”，尽管是自己的骨肉，但妞子的到来，致使夫人对自己的爱减少许多，夫人的焦点都在孩子身上，似乎夫妻关系已经结束，彼此之间的唯一任务就是挣钱养孩子。他工作中的压力越来越大，月月考核，他一个人的收入要支撑一个家庭。他变得越来越焦虑。本想回到家能享受一下家庭生活的温暖和休闲，结果却是一进家门，妻子就不停地和他唠叨，于是两个人莫名地吵架。

妞子妈开始想念妞子出生前的二人世界了，当时想玩就玩，想走就能走。即使脑门一热想周末和朋友们玩通宵打扑克，看夜场，在朋友家里睡地铺，也是舒服的。而现在，却有一种为了孩子被“囚”在家的感受和焦虑。上班时特别想在家自由自在，此时，却畅想孩子快快满3岁，送到幼儿园去，她重返职场。

孩子出生前，夫妻关系是两点一线，线段的一端是夫，另一端是妻。而孩子出生后，增加了一个点，连接起来构成了三角形。在家庭的舞台上，夫妻二人需要在原有角色基础上，增加新的角色。丈夫与孩子父亲、妻子与孩子母亲分别由同一人扮演。但在一些家庭中，妻子换角色扮演母亲，丈夫扮演父亲的角色并不到位。于是出现角色混乱。

婚后二人世界的温馨与浪漫似乎就在昨天，那种无拘无束和朋友玩通宵的生活，那种无所顾忌、随心所欲的日子，在孩子降临的那一刻画上了一个大大的句号，从此需要一个漫长的时间来适应自己还是个“孩子”却要为人母的身份转变，还要应付因孩子问题而增加的与家人产生的争执和小小的矛盾。

据调查，孩子造成许多夫妻的生活被打乱，生活受到限制，幸福指数迅速下降。而另一项深入研究表明，怀孕晚期的夫妻和孩子降生三年半以内的夫妻，他们的婚姻关系都没有孩子降生前那么美满。分析原因包括以下三个方面：

第一，孩子出生后，妈妈的活动内容不再由自己安排。不能随心所欲地逛街，更不能随心所欲地买喜欢的衣服，不能够因一时兴起马上去看场话剧，听一场音乐会，看一场电影；更不能一拍脑门大喊一声“滑雪去”，约上三五好友直奔滑雪场；甚至于没有一个相对整齐的时段静心阅读一本好书。需要时刻提醒自己是“当妈的人了”，需要尽到母亲的职责，不能再由着自己的性子。

第二，妈妈处于高度紧张状态。尤其在孩子小的时候，孩子一天要多吃几顿饭，随时都可能会大小便，大人需要配合孩子的生物钟和节奏，一旦孩子有一点点动静，母亲需要第一时间作出反应，即便躺在床上小憩片刻，耳朵也一直处于戒备状态，整天惶恐，不得安宁，睡个安稳觉，也成了一种奢望。而在别人看来：一个大人还带不了一个孩子？这更强化了妈妈们内心的不安，“真累心”成了全职妈妈们的口头禅。

第三，社会交往在短期内被剥夺。要想与孩子建立良好的感情关系，需要投入时间和精力。孩子不是一天长大的，在这个至少两三年漫长的成长过程中，全职妈妈的生活就是围着孩子转了，想出去，一定要先把宝宝喂好，跟家里所有的人请假，在最短的时间内回来。而继续与朋友们保持频繁的交流和活动，已经成了“古老的传说”。

面对妞子妈的苦恼，家人是强有力的支持系统，家人的理解和支持是最务实的解决之道。全职妈妈们自我认知的调整，是幸福生活的基石。

首先，家人应给予更多的帮助。也许有些老人会以过去带孩子的标准要求年轻的妈妈们。时代不同了，养育孩子的方式有很大的差别，也许现在养一个孩子比以前养三四个付出的辛苦还要多。家人可以在适当的时间协助看护孩子，尽可能地去支持全职妈妈们，让她们适度地放松心情、梳理情绪，做好自我调整，毕竟母亲的良好情绪更有利于孩子的快乐成长。

其次，全职太太同样为家庭作出了巨大贡献。千万不要以为全职太太没有了货币形式的收入，就成了家中“吃闲饭”的人。还有什么比忍痛暂别职场、全身心培养孩子对家庭贡献更大呢？要理解全职太太为家庭的付出不是以金钱多少可以衡量的。如果双方家人有能力并愿意在经济上给予一定的支持，减轻小家庭的经济压力，更是件十分愉快的事情。

最后，全职妈妈需要自我认知的调整，一分耕耘，一分收获。

1. 孩子出生令许多夫妻重新建立了更加稳定的关系，男人更加顾及家庭关系和事业的发展与自我提高。丈夫在家庭中增加了父亲角色，这个角色与母亲一样，强化了责任感和使命感，有利于家庭的幸福成长。

2. 全职妈妈与孩子相伴，意味着自己的二次成长，在短期内催化了爱心、耐心、细心，进一步完善了个人品质。她更能够近距离地观察和“研究”孩子的变化，比如：孩子何时笑了？孩子听到音乐后有什么反应？孩子在什么时候开始“话痨”了？孩子哪一刻开始由说“宝宝”转化成“我”，有了自我意识？等等。以一个研究者的态度观察陪伴孩子，将发现孩子每一天都有新的变化、新的惊喜。如此这般，妈妈将享受孩子成长带来的无比愉快的乐趣。

3. 借鉴他人教子经验。许多母亲创建了自己的博客，亦有妈咪博客圈和相关的亲子教育网站，妈妈们不妨在网络上就自己不了解不熟悉的问题提问，或借鉴一些其他妈咪们的教子良方，分享别人的教子经验和体会，缩短初为人母教养孩子的探索过程，明确目标、提高效率。同时也可结交一些生活状态相同的朋友，参加网上社交活动，扩大自己的生活圈子。

妞子妈羡慕那些步履匆匆上下班以及饭后散步的人们，但就像严冬过后就是春天一样，3岁或者再小一点的孩子就可以送托儿所了，两三年的时间对于一个年轻的全职妈妈而言是漫长的，但为孩子“牺牲”这两三年，就像辛勤地浇灌禾苗一样，您将为孩子的终生发展打下一个良好的基础，孩子的每一次进步，每一个变化，都是妈妈们最大的收获。

[延伸阅读2]

## “虎妈”、“猫爸”和其他

“虎妈”，美国耶鲁大学华裔教授，原名蔡美儿。因在其著作《虎妈战歌》中描述自己是如何以中国式教育方法管教两个女儿的，如：骂女儿垃圾、要求每科成绩拿A、不准看电视、琴练不好就不准吃饭，等等，而引出家庭教育大讨论。

与之相应的是“猫爸”，猫爸成了“对孩子采用个性化教育，因材施教的父亲”的统称，他们宽容，善于和子女沟通，典型代表人物是教出“哈佛女儿”的常智韬先生。

虎妈和猫爸的故事不必详述，我们身边此类型人物不在少数，反思自己的教养方式，也能发现有许多虎妈和猫爸的影子。

从教育大环境来看，由于优质教育资源紧缺，为了将孩子送入一所好学校，家长不惜作出金钱和时间的牺牲，如果没有一个优异的学习成绩或说得出去的特长，正常进入“好”学校，几乎是不可能的。另外，重点中学、大学与普通中学、大学的差距有目共睹，每到中高考结束，一张张的录取通知书标明了学生们的去向，不争的事实告诉家长，把孩子送到什么样的学校，他们就可能有什么样的未来。而虎妈和猫爸也同样以孩子进入哈佛、耶鲁等名校作为教育成功的标志。另一方面，从总体看来，受较多教育的人士往往就职于重要岗位，薪金普遍较高。

无论在中国还是世界其他地方，中国人普遍崇尚家庭教育，期待子女过上幸福的生活。要达到此目的，每个家庭各有各自的理念，指导思想不同，操作的方式也有不同。在我们的心理咨询工作中，许多成年人的“问题”，总能从其原生家庭中找到相应的原因。

## 一、孩子是家长绘画板

单位举办联欢活动，孙女士看到同事们多才多艺的表现，就后悔当年听不进父母的话，学小提琴半途而废，现在无一技之长。她发誓自己有了孩子，决不让孩子输在起跑线上，一定要让孩子在才艺方面有不俗的表现。

转眼孙女士就做了妈妈。从孩子 2 岁始，她带着孩子学习跳舞、唱歌、乐器。4 岁时有机会开始表演，也竞争到了参演某儿童用品广告的机会。从此，孩子有了更多的表演机会。孙女士心花怒放，才刚刚几年的时间，她已经开始有收获了。但是最近遇到表演，孩子就脾气大发，在舞台上的表现也越来越不到位。孙女士不允许即将到手的业绩泡汤，在好心劝说无果的情况下，对心爱的孩子动了武力。没料到，这一招不仅无效，孩子的表现更糟糕了。以至于孩子说出了一些她无法接受的狠话：“去死吧！”“恨死你了！”

孙女士将自己未实现的理想，寄希望于孩子来实现。任何一项成绩的取得，都需要家长与孩子付出汗水。幼小的孩子今天的兴趣，也许明天就转变。到底孩子在某些方面有没有兴趣，还需要家长仔细观察。如果强行把自己的意愿加给孩子，即使孩子迫于恐惧而不得不为之，这种强迫在未来是否会给孩子造成更大的心理问题，也不得而知。

## 二、自由放任

张先生，经过多年艰苦努力，一路直通车取得了博士学位，终于可以松一口气了。当他为人父后，发誓不会像他的父母严格要求他一样去要求自己的孩子。他尊重孩子的天性，让孩子快乐地成长。当别的孩子已经开始“早教”时，他让孩子尽情地玩，即使考试成绩不理想，他也表示无所谓。在小学三四年级，孩子出现不及格也未引起他的重视。老师约他谈话时，他的理论与老师观点对立，张口闭口要给孩子最充分的自由空间。张先生的教育理念导致的结果是：几年后孩子成绩太差与高中无缘，过早地进入了社会。现在，孩子抱怨父亲为何当初放纵自己的行为。

一些高知群体中的家长，不乏持有张先生这样的教育观念。看似张先生拥有西化的教育理念，张口闭口谈给孩子最大的自由空间，允许孩子快乐成长。而事实上，他的教育方法仅仅停留在对父母教育方法的反抗上，是从一名“被管理者”转化为“不管者”。给孩子自由的空间并不意味着不引导和无规则；看似民主的家庭环境背后，隐藏着缺少责任感的父亲。

## 三、以成绩为焦点

刘女士在同事们面前，一向表现出以女儿为骄傲的高姿态，每每谈到孩子教育的话题，她总是口若悬河、滔滔不绝，告诉大家如何提高孩子的成绩，家长应该做些什么事情。同事们心中像打翻了五味瓶，充满羡慕嫉妒恨。但事实就摆在那里，刘女士的女儿从初中、高中，到大学一路上的都是顶尖学校。从孩子 3 岁始，休息日刘女士大多是在陪孩子上辅导班中度过的。为了能让孩子安心学习，她很少带孩子去游乐场，家中也没有多少玩具，尽可能避免孩子玩疯了。当孩子选择初中时，刘女士递给学校的孩子的各种证书比一名大学生的求职简历还厚。终于女儿博士毕业了，进了一所科研机构。

按说女儿早就到了谈婚论嫁的年龄，但她的个人问题迟迟没有解决。相亲无数，但总是见一面就没有了下文。男方对女方的评价是：太土、缺少生活情趣、不会沟通、情感麻木……

现在刘女士开始后悔只关注孩子成绩，忽视了对其其他方面的培养。刘女士原以为女儿读完博士，有一份不错的工作，她就可以享受自己的生活了，而女儿的婚姻问题又成了她最头痛的事情。

孩子在成长过程中，不同阶段有不同的需求。尽管做学生时，应以学业为主，但同时家长仍需兼顾对其情商等方面的培养。当把成绩作为唯一焦点时，要么孩子可能反抗，认为家长不近人情；要么被家长训练成读书机器、一台书本复印机。

关于虎妈和猫爸的教育方式，中国青年报社会调查中心通过民意中国网和新浪网，对1795人进行的一项调查显示，55.1%的人赞同虎妈严格教育孩子的方式，37.7%的人持相反态度。从这些数字看，一半以上的成年人支持虎妈的教育方式。

但是，我们在心理咨询工作中发现，强硬的教育方式可能引起孩子的恐惧、不安、缺乏主见，或者强烈的叛逆。孩子成长的环境不同，家长的性格差异较大，对不同的孩子应该采取不同的方式。我们也能够通过一些统计数字了解科学的方法。

北京大学社会调查研究中心成立了“专攻北大”——北大学生素质养成研究课题组。课题组向北大学生及其家长发放回收了总计1600多份调查问卷，调查发现，当孩子不听话时（特指对父母家庭教育的具体意见持回避、反对与抗拒态度时）86.8%的家长能够耐心理智地倾听孩子的意见。12.2%的家长想方设法或强迫孩子服从自己。“父母在精神上的信任、理解与关爱”被北大学生列为其考入北大的最主要原因。超过80%的北大学生家长在孩子学习成绩有波动的时候，不仅没有一句责备、焦虑、埋怨的话，反而想方设法地温暖关怀、积极鼓励孩子，或冷静分析，帮助寻找原因，这时家长的积极作用也就能够体现出来了。在访谈中我们仅发现一位同学谈到自己是“被家长打入北大”。

虎妈的教育方法是一个特例。人的一生，不是进入某一所著名高校就终结了，后面的路还很长。在我看来，只有当一位家长的教育方法穷尽之后，才会采取打骂、侮辱的方式来管教孩子。给孩子充分的尊重和理解，在心理上给予孩子更多的支持和引导，设定必须的规则，培养孩子对自己做的事情负责任的态度，教给孩子学会选择，更有利于孩子的健康成长。

# 攻克学业：女儿的“家庭教师”

孩子与家长一样关注学业成绩。没有哪位学生认为成绩差一些会更有自豪感。

学生应以学为主，其他活动和兴趣的培养是为了让孩子将来的生活更丰富多彩。学习和休闲娱乐两手抓，家有中等生，把孩子培养成普通人，这是我的主导思想。

培根认为：习惯真是一种顽强而巨大的力量，它可以主宰人生，人自幼就应该通过完美的教育去建立一种好的习惯！可见习惯培养意义之重要。

培养孩子的行为习惯如同告诉人们减肥要注意“管得住嘴，迈得开腿”一样，是件说起来极其容易而做起来难度非常大的事情。

孩子习惯的养成，需要家长对孩子有百分之百的耐心和具体有效的指导方法。孩子的学业成绩与学习习惯密切相关，可以量化学习中的问题。

面对教育子女的实践，家长仍然感觉到在孩子成长中遇到的问题具有挑战性，有时感觉力不从心。

## 购买新款学习机与理财

孩子，尤其是在城市生活的孩子，随身带着钱已经是件司空见惯的事情。毕竟孩子有了独立的空间和时间，放学路上，可能要喝饮料；肚子饿了，要买东西吃；文具坏了需要更换。他们虽然年少，但需求并不一定少。但是，绝大多数孩子存在乱消费、高消费和缺乏理财能力的问题，而这又与家长为孩子花钱的方式有关。许多家长扮演着ATM机的角色，只要孩子有物质需求，家长尽力满足孩子，看似孩子很高兴，其实家长剥夺了孩子学习理财的机会。

财商（FQ）与智商（IQ）和情商（EQ）是现代社会不可或缺的三大素质。让孩子认识金钱，有计划地指导孩子管理自己的金钱，在孩子成长过程中对其进行财商教育是非常重要的事情。

从依依上幼儿园大班开始，我们会在春节过后陪她一起走进银行，以她的名义开设独立银行账户，将过年的压岁钱这些大额的款项存起来，或者购买国债，向孩子介绍储蓄利率等最基本的知识，让孩子感受到钱可以升值，借此机会培养孩子储蓄的兴趣。让孩子了解存取款的流程，知晓银行业务的办理常识。

现在依依已经是小学三年级的学生了。我一进家门，依依就跑过来兴奋地告诉我说："老爸，我想买一款新的学习机。"

"新款学习机？"

"是的，你看，就是这款。"依依用手指着报纸上的广告。最大的字迹注明了"最新"及价格"1499元"。

"好啊，怎么个买法？"我问。

"您拿钱啊。您说过只要是学习用得着的东西，都可以买，您会大力支持我的。"依依以愉快的声音说。

"当然啦，只要是必须的，我一定会给买的。只是这款学习机价格不低，召集咱家的主要领导商量一下。"我放好包，换好衣服。

"妈妈，爸爸叫您开会啦。"依依说。

夫人应声放下手里的活计，我们一起坐下。

首先女儿申明她购买的目的以及学习机的用途。

我建议做成一项募捐活动，为需要学习用品的依依集资。并希望依依在家庭范围内劝说大家捐款，以此锻炼依依的表达能力。

“妈妈，您能出多少钱？”依依先从妈妈问起。

“100。”夫人回答。

“太小气了，为什么不多拿一些？”依依开始耍懒似的摇着妈妈的肩膀。

“哪有这样募捐的？电视上这样演过吗？不能耍懒哟，哈哈哈。”我大笑着，看着依依。

“老爸，您能出多少钱？”依依转向我说。

“900 元，我和妈妈合计 1000 元。你还差多少？”我问。

依依说：“499 元。”

“那你怎么办？是不是可以扩大你的募捐范围？比如同学、老师、路上行人，或者亲戚朋友？”我佯装认真地说着。

“老爸，您说的都不可能，除了妈妈和您之外，谁会给我钱花？”依依一脸的无奈。

“那你只好劳动挣钱啦，或者你想想还有没有别的办法。比如，你自己掏腰包 499 元，这样也很公平，我们平均每人三分之一，使用权和产权都归你，你很划得来哟。”我学着依依经常搞笑的腔调。

“让我出钱？要了我的命算了。”依依很夸张地说。

“那你想好啦！或者你再想想别的方法。新款电子产品上市，总是很贵的价格，过一两个月，就会大降价，或者马上要到春节了，赶上促销也是有可能的。另外，你是否要分析一下，是不是必须这几天买，你是否必须马上用？有没有替代品，比如字典什么的。”我说。

“那，我等等再说吧。现在买了新的我就不要旧的了。可以过段时间再买，反正现在我也有的用。”依依有些许不情愿。

“我们做个家庭约定如何？任何你独立使用的物品，你都要出一部分费用，你的压岁钱可以拿一些出来啊。据我的经验，凡是自己不付出努力的所得，缺乏幸福感；凡是自己不掏腰包的物品，自己不会太珍惜。你有这种体会吗？”我问。

夫人应和着说：“是的，我也有这种体会。”

“那好吧，但我不能出太多，我是未成年人，有未成年人保护法，我只能象征性地出一部分资金。”依依以法律来和我们理论。

“可以，以后你的所有物品，你支付 10%，妈妈付 30%，我付 60%，以后咱就这样集资购物。你的压岁钱已经好几万啰，你是咱家最有钱的人啦，私房钱还是要用到自己身上的，那才是钱啊。难道不应该吗？”我乐呵呵地说。

“应该，应该。我花我花。那就到春节再买，应该有促销活动，或者等上几个月也是可以的，反正我有字典也能用。我还掏 10% 呢，价格低了，我也能省点钱。”依依同意了。

春节期间，我们一起去购买了依依渴望的学习机，还享受了会员的折扣。由于有了期待和付出，依依对这台学习机格外珍惜。

[分享]

研究表明，5-12 岁是儿童理财教育的关键期，孩子在此阶段对金钱和消费尚未形成稳固的习惯，家长通过一系列的方法培训孩子的财商，为其以后自我管理打下良好的基础。

1. 五六岁的儿童对钱有了一定的认识，他们知道金钱可以换回所需要的玩具或食品，家长不妨按周提供给儿童三五元零钞。给孩子零花钱之前，向孩子说明这些钱如何使用，教会孩子钞票的换算，并告诉孩子这些钞票可以用来做什么，比如买彩笔、小贴画或者女孩子常用的发卡或头绳等物品。并向孩子说明，钱花完了，本周就没有了。

2．零花钱的使用需要有记录，做什么用了，用了多少。不妨协助孩子画出一张简单的现金日记账，内容涉及收款日期与金额、支出日期、所购物品、消费金额、余额等项。培养孩子记账的习惯，并以账本作为评价所购物品使用价值的参考，尽量减少不必要的支出。教会孩子分辨哪些物品是“必需”、“需要”、“想要”、“无用”的。

3．随孩子年龄的增加，他们自己可以做主的事情增多，支付给孩子的零用钱数额也随之增多，时间也要适当延长。当孩子能够合理安排一周的消费后，可从每周支付一次延长至两周支付一次，当经过训练孩子能够合理地安排两周的财务后，再延伸为每月一次或更长。这样可让孩子学习在一段时间内对金钱的管理和使用。当然，家长要与孩子协商哪些费用是“公有制”，如学校要求的一切费用、课外学习的费用；零花钱使用范围包括哪些，如：学习用品、交通费用、限量的零食等。

4．当孩子要求家长购买允许范围内的“贵重”物品时，家长可向孩子陈述家庭收入情况，与其协商每月增加一定数额的零用钱，使孩子通过一定时间的积累后，才能实现购买行为。这样可培养孩子延迟满足的决心和毅力，以实现其人格的完善。在购买过程中，要货比三家，选择性价比最高的商品，教会孩子作出明智的决断。

5．培养孩子节俭的习惯。教会孩子文具等商品可以到小商品批发市场购买，也可以与同学一起采取“团购”的方式，以更低廉的价格，批发所需的学习用品。家庭的废旧物品，可以转交给孩子卖到废品回收站，换回的零用钱可据为己有。教给孩子开源节流，而开源更具意义。

6．部分儿童胆怯，不愿独立花钱，这可能与家长大包大揽、过度呵护有关。建议家长引导这样的孩子学习消费，帮助孩子建立与陌生人交往的信心，鼓励其购买自己需要的物品。

## 借助网络咨询，加强支持力量

晚上约 8 点半左右，读五年级的依依请妈妈帮助默写完英语单词后，她当日的功课就结束了。

依依走进我的房间，说："老爸，休息一会儿吧，您看书时间太长了，保护视力预防近视啊。"

我转回头看着依依，说："我看一小时书后会闭上眼睛养养神，放心吧，宝贝儿。你功课都完成了吧？"

"顺利完成了。有空看看我的新作吗？"依依把作文本递给我看。

"当然了。"我接过依依的作文本，先看到作文的题目是《地球换新衣》，旁边是老师用红笔写的评语：很生动、有趣，描写得也很具体。我把依依的作文声情并茂地朗读出来，依依趴在我的肩头乐呵呵地摇头晃脑地听着。

"老爸，我感觉像听广播一样。您的声音太专业了，您去做播音员吧。"依依说。

"呵呵，1994、1995 年那会儿，中央人民广播电台面向社会招聘主持人时，咱也入围播音主持前 15 位呢。只是那时不像现在的选秀节目这样轰轰烈烈。虽然我最终没能进入播音主持这行，但我做讲师，声音就比别人占优势，一样可以派上用场。老爸在家也可以为你播音啊，来，我再读一篇你的大作，让妈妈也过来听听，享受一下与著名主持人马健老师近距离接触的滋味。"

"好，老爸是金子就能发光。"依依说完，把妈妈请了过来，我要求两个人闭上眼睛仔细听，然后，先打开 CD 机播放书房背景音乐，接着就字正腔圆地开始朗读。

朗读结束，依依带头鼓掌。“您帮我签个名，好吗？”依依开玩笑说。

夫人说：“你索性录音后，发到网上，让更多的人听听宝贝儿的作文和你的声音。”

依依说：“咱家哪有像样的录音设备啊。”

“不用声音也可以传播，我把宝贝儿的作文发到我的博客上去，同样可以让更多的网友阅读。”我说。

“好啊，好啊。”依依高兴地说。

于是，我打开电脑，在博客中写道：以下内容是小学五年级女儿的最新作品，请您点评。

**地球换新衣**

文/中国农业科学院附属小学　马泽

“看看吧，人类为我做的美丽新衣！”地球骄傲地说，“人类知道保护环境了，水变清了，绿洲把沙漠覆盖了，空气也更清新了！以前的灰‘纱巾’，换成了水蓝色的‘纱衣’……”

“地球小妹，不就换了一身新衣嘛，有什么可高兴的吗？”太阳轻蔑地说。

“对呀，有什么的呀，要是我，就不会这么高兴！”木星附和道。

被太阳和木星这样一刺激，地球不禁落下眼泪：“你们不知道，五十多万年以前我很健康，也很漂亮，只是人类发达了以后，我的身体却一天比一天衰弱！人类大量开办工厂，制造废气，污染了环境。我的‘保护伞’也被破坏了！呜呜……”

太阳和木星愧疚地说：“对不起，我们不知道，所以……”

“没关系，一切都过去了。现在，人类知道自己错了，因为除了我，没适合人类居住的第二个星球了，就是说人类把我破坏了，人类也无法生存，所以他们现在不再乱砍树木，每年都在沙漠种树，现在沙漠都变成了绿洲！工厂里排出的污水也被净化成了清水！我现在又恢复健康了！”

“看起来人类还是知错就改的！”太阳笑呵呵地说。

“对呀，所以我以后还是要更好地造福于人类！”地球笑眯眯地说。

这位伟大的地球母亲，我们要爱护它，保护它。只有一个地球，如果它被破坏了，我们别无去处。所以，让我们一起为地球母亲换新衣吧！

依依专注地看着我打完字。“老爸，再打一篇吧。”

“没问题。”说完，我继续将依依的另一篇作文也写入博客中。

## 铅笔·橡皮·纸

文/中国农业科学院附属小学　马泽

小丽是一个人见人爱的小姑娘。她有一只漂亮的铅笔、一块帅气的橡皮和一张平整的雪白的纸。

一天，小丽上美术课，老师让每人画幅铅笔画，小丽当然要用她最心爱的铅笔来画。

铅笔对纸说：“呵呵，没想到吧，纸小弟。我要让你面目全非，谁让你看不起我！”

纸听到铅笔的话，不禁出了一身冷汗。它苦苦地哀求道：“铅笔姐姐，我美丽的铅笔姐姐，求求你了，不要弄花我那张雪白的脸，求你了！以前是我不对，你原谅我吧，我美丽的好姐姐！”

只听铅笔“哼”了一声，没有理会纸。

橡皮在一边听着，也过来起哄，拍手叫好：“铅笔，你不用心慈手软，弄花它那张高傲的脸！”

“你——你——”纸气得话都说不出来了。

小丽的画果然很难看，铅笔和橡皮不约而同地指着纸的脸说：“你的脸，太……太‘可爱’了，你看这太阳，这小草……哈哈哈……”纸哭了，哭得好伤心，而铅笔和橡皮却在一边大笑。

有很多同学过来看小丽的画，他们也笑了，笑得更夸张，有的都笑得肚子痛了，小丽哭了。

她一把抓起橡皮，用力地擦，纸又变白了。橡皮“哎哟”、“哎哟”地叫了起来，它的平头变圆了。

小丽非常伤心，她没有再画，而是在一边哭个不停，完全看不到铅笔、橡皮和纸。

铅笔对它们说：“我们不能因为自己的恩怨让主人被同学瞧不起，我们为主人完成一幅美丽的画，好吗？”“当然可以！”“同意，不过，我希望橡皮在课间的时候把我擦干净，可以吗？”“那当然可以！”

说完，它们就开始工作了。不到两分钟，它们已经合力完成了一幅画。

小丽刚要开始画，却发现画已经被画好了，而且很美。

“小丽同学的画，画得很美，非常好！”小丽笑了，纸、铅笔、橡皮也笑了。

它们慢慢成了好朋友，纸不讨厌铅笔和橡皮，铅笔也不憎恨纸，橡皮也不爱起哄了。

我把两篇文章在博客中发表了，我说：“依依，你等着看热情的网友阅读你的大作吧。”

“期待，我期待！”依依兴奋地回应一句。

接着我继续与女儿聊天，问她：“我突然有个问题想问你，你是愿意养一万人还是愿意让一万人养你？假如二选一，必须选一，你会选择哪个呢？”

依依回答说：“如果一定要选一个，那我选择养一万人。”

“为什么？”我紧跟着问。

“我能养一万人，说明我有能力，说明我善良，说明我有实力。”依依回答。

“为什么不选择后者？”

“如果一万人养我，那我就成乞丐了，我可不想做寄生虫。”依依说。

“这才是有志气的人。时间不早啦，洗澡休息吧。”夫人说。

睡觉前，我对夫人说：“明天有空时，在我博客上刷一下依依的作文，看看哪位同事愿意留言写给孩子几句鼓励的话最好。”特别强调不能让依依知道我们作秀。

第二天，我同样对单位的同事们做出相同的请求，自己也以网友的身份给予依依的作文肯定和赞美，特别强调了希望她能坚持经常写出好作文。

晚上，我一进家门，依依就迫不及待地问："老爸，我的作文有多少人读过了？"

"今天工作太忙，我没顾得上看呢。现在咱们上网看看吧。"打开电脑一看，我夸张地说："哇，好几百人阅读啊，还有热心网友留言。你快念念，看网友们怎么说。"

依依念道：

"一名小学五年级学生能写出这么好的作文，太优秀了！"

"瞧这娃现在的水平，再过十年大学毕业后，就能当作家了。将来出了专著要通知我们一声啊。"

"老师今天留的作业就是写一篇作文，我抄一遍交给老师，准能得优。感谢啦！"

"现在的孩子就是聪明，这么丰富的想象力，以前我哪里有啊。"

"作文写得不错。如果增加阅读量，多读些文学作品，借鉴他人的写作经验，会写得更好。"

借助亲戚、朋友的力量鼓励孩子进步，可以起到事半功倍的效果。人们渴望得到赞美，人性最深层的需要是得到别人的欣赏，对于成长中的儿童，欣赏和赞美就显得愈发重要。

依依上幼儿园时，老师对她的评价是"安静"、"老实"、"听话"，老师很喜欢这样从来不捣乱的孩子，而这些词语也从另一个角度描述了依依的性格。所以，依依经常会受到老师的表扬，得到"小红花"。

每当依依得到老师在本上盖的"小红花"后，她会拿出小本让全家人看，脸上流露出一份快乐。

当家里来亲戚朋友时，我也会拿出依依得小红花的小本给大家看，成年人之间不需要提前做什么工作，大家都会热情地表扬依依是个好孩子。尽管是泛泛的说辞，依依也格外开心。

小学一年级，依依得了小奖状，我到市场买回一个相框，将依依的奖状放进去，征求依依意见后挂在客厅的正中央。每逢家中来客人，看到依依的奖状自然也会表扬她取得的荣誉。我还会打电话给喜欢依依的亲戚。我常用的手段是接通电话后，告诉对方依依得奖的消息后把电话交给依依自己去汇报详细内容。

赞美是照在人类心灵上的阳光。没有阳光，我们就不能生长。依依受到大家的赞美，这种赞誉之声鼓励她继续保持良好的习惯。

之后依依获得奖状，我会把奖状装入一个新相框里，客厅里总挂着两张奖状。每次得新奖状，我们就取下一张旧的放入文件袋中，保持墙上总有两张最新的奖状。在依依小学五年级后，我看到她已经形成自我管理的习惯，决定中止这一行为。

[分享]

无论在家里还是在学校，成人们习惯于采取奖励的方式赞美和欣赏儿童，达到希望的目的。具体方式多种多样：赞美的语言、温暖的拥抱、专注的眼神、物质的刺激，等等。

人们关注他人对自己的评价，所以，希望孩子成为什么样的人，家长就要尽可能去那样赞美他。通过评价和赞美让孩子发现自己走在哪条道路之上，促成孩子的自我认同感，于是前进的步伐会更坚定而有力。

目前已经有许多家长为新出生的孩子建立了博客，记录孩子的成长。更有大量的学生拥有自己的网络空间。网络已经成为人们生活的一部分，尽管是虚拟的空间，但人们在网上可寻找到自己内心的满足。

充分利用网络和现实生活中的人际资源，聚集教育的力量，积极引导孩子发现自己的能力，启动孩子的潜能和力量，是一种省时省力的方法。

## 孩子眼中的家长形象

依依的同学过生日，作为寿星的王丽丽（化名）邀请了她的三五好友，相聚在咖啡厅，以庆祝自己在小学的最后一个生日。

依依如约出发，下午 5：30 准时到达，将精心准备的一份小礼物送给了王丽丽。几个小女生在无家长看护的情况下，自由地说笑、嬉闹，开心并无忧无虑。晚 7 点，夜色降临，我给依依发了短信，内容是："马女士，今晚的社交活动进展得如何？天黑了，是否需要老爸去接你，请回复。"

也许她们太尽兴了，未听到短信的声音。约 8 点时，我拨通了依依的电话，问："小寿星的生日聚会进展到哪个环节了？吃完蛋糕了吗？需要我们去给你同学祝贺一下生日快乐么？"

依依说："老爸，不用了，我们马上回去了。刘芳（化名）的妈妈来接她了，我们都一起回去。"

"好的，那我们等你回来。"我说。

一会儿，依依乐呵呵地回到家。

"过得很愉快吧，哈哈，你的社交活动越来越丰富了，已经参加过三个同学生日聚会了。"我说。

"说明我受欢迎，王丽丽是我们班成绩最好的同学。上次参加的李晓的生日聚会，她的成绩在班上可不是很好，成绩好的同学，除了我，她谁也没请。我可是个能与东邪、西毒、南帝、北丐交往的人，无论成绩如何，我都可以与他们成为朋友。"依依自豪地说着。

同学们根据日常的成绩划分了帮派，彼此之间互称：东邪、西毒、南帝、北丐。

“老爸为你的社交能力感到高兴，也能感觉到你是个受欢迎的人。”

“如果刘芳的妈妈能像你这样就好了。”依依脸上有一丝不悦。

“怎么了？”我问。

“她妈一进去，面无表情，冷冰冰地说了句：‘刘芳你该回家了，走！’”依依继续说，“我们都吓傻了，她妈怎么这样呢？太不给刘芳面子了。”

“噢，你觉得刘芳在同学面前很没面子，希望她的妈妈温和一些。”

“是啊。”依依回应道。

“那我们做个小游戏，假如老爸去接你，会是什么样呢？小美女，请听题，请指出哪一句可能是老爸日常说话的语气。”

“可以，一猜一个准。”依依面露喜色。

“情景：你们正在吃生日蛋糕，我进到咖啡厅去接你。看到你们热闹地聚会，我可能说哪句话？第一句：丽丽今天过生日，叔叔祝你生日快乐。”

“这是老爸的话。”依依说。

“第二句：这么黑了，还不散了？！大家都回家吧。”我说。

“这不会是老爸的话。”女儿说。

“第三句：孩子们，慢慢吃，我在楼下等你们，你们聚会结束后，我把大家分别送回家。”

“这句绝对是老爸说话的风格。”

“第四句：叔叔欢迎你们到家里来玩。”

“这句也是老爸的话。”

“知父莫若女啊，理解万岁！！”我与依依击掌以示庆祝。

[分享]

亲子教育，需要理解与沟通，需要平等与尊重，需要朋友式的交往，需要对待子女像对待客人一样。

家长的每一分努力，都会在孩子成长过程中见到效益，这种情感和情商的培养，作为一种家庭亲情的储蓄，储蓄越多，收益也越大。

## 手机铃声盗取时间

依依的社会活动越来越多，我们感觉她有必要拥有一部自己的手机了，于是为她购了一部价值千元以内的手机，并选择了动感地带号码。动感地带是潘玮柏做的广告，而潘玮柏是她的偶像，我很清楚依依会喜欢用他代言的产品。

当然，学校的规定是，不允许学生将手机带入校园的，依依一直遵守着。放学后，我注意到，依依的手机短信不断，铃声不停，即使在做作业的时候，她也会停下笔，回复短信或者接听电话。

通过一段时间的观察，我发现依依做功课的时间延长了，以前每次回到家中，大约在 1 小时之内她就能够完成作业，现在要用两个多小时的时间才能完成，依依做作业的效率明显降低了。

我认为应该和依依谈谈她使用手机前后的变化了。当然，如果简单地没收她的手机只能导致她反感。要求她在做作业时关闭手机，就中断了她与同学的联系，也失去了手机的作用。

一个阳光洒满房间的周六，依依被手机闹钟叫醒，早早地起床了。

“早啊，老爸，您又读什么书呢？”依依问。

“早上好！亲爱的！”我放下书本说，“《卡尔·威特教育全书》，这是一本家庭教育的‘圣经’，这位老爸真是非常用心地在教育自己的孩子，我得好好向卡尔·威特学习。”我与依依聊着，想利用这个机会，与她谈谈手机的事情。

“您不会也想把我培养成超人吧。”女儿说。

“这还真是一本培养超人的书，写的就是一位父亲卡尔·威特如何培养出生后被认为有些痴呆的婴儿——小卡尔·威特。结果是：小卡尔威特八九岁就已通晓化学、物理学、动物学和植物学，尤其擅长数学，并且能自由运用德语、英语、法语、意大利语、希腊语、拉丁语等6国语言。他9岁就考入莱比锡大学，10岁进入哥廷根大学，13岁出版了《三角术》一书，年仅14岁就被授予哲学博士学位。16岁获得法学博士学位，并被任命为柏林大学的法学教授。23岁出版了《但丁的误解》一书，成为研究但丁的权威。这本书详细地记载了父亲卡尔·威特的教子心得和独辟蹊径的教育方法以及小卡尔的成长过程。书中有太多内容值得我借鉴和学习了。”我说。

“我看您读书痴迷的样子，就推测这一定是一本特别吸引您的书。难怪您一口气能说出这么多内容，是不是很早就起床开始晨读啦？”依依说。

“今天我已经读了1个多小时了，一直没人打扰，读起来真快，记忆力也特别好，还是清晨读书好啊。”我伸伸懒腰。

“是啊，我不被人影响的时候，读书效果也特别好。”女儿脸上充满得意的神情。

“我们都有共同的体会，顺便老爸给你介绍一个学习单元时间的概念。学习单元时间就是保持注意力处于紧张状态的一段时间，学习者应避免在一个既定学习单元时间内分心。由于个性差异，每个人的学习单元时间可能不尽相同；根据自己的感受，有的人学习单元时间是25分钟，每个人学习单元时间总会或长或短一些。分析找到最适合自己的学习单元时限，确保在学习单元时间内专注学习，这样可以提高学习效率。”我停顿一下，接着说，“这就好比我们在煤气上烧开水，假如8分钟可以烧开一壶水，当水温被加热到80度的时候，我们想先炒菜了，就把温水拿下来放到一边，当菜炒好了之后，再把温水放到火上继续加热，此时，之前 80 度的水温也许已经降到室温了。如果这样烧一壶水却反复中断，把水烧开所需要的时间就太长了，没准用 1 小时也不能把水烧开，你说是不是？”

“当然啦，老爸，这我还不明白？傻子才那样烧开水呢。”女儿很不屑地说。

“还别这样说，有时我也办这种傻事，傻的还不是我一个，我身边可有不少这样的人呢。”

“不会吧，老爸是聪明人，也能办那么傻的事情？”

“对啊，我办公室抽屉里放着本书，午休时想拿出来读会儿，一会儿电话响了，一会儿来个同事邀请我去超市买点东西，一会儿来个人聊会天，我那本书读了快三个月了还没看完。如果没有任何人打扰，三五天就能读完。”

“您的时间被别人偷走了。呵呵。”依依笑着说。

“这样的事情，最近在你身上也时常发生。我注意到你做功课的时候，以前每天用 1 小时可以完成的作业，现在已经延长到需要两个多小时了。你的时间大盗是谁呢？”我问。

“老爸一语惊醒我梦中人。我分析原因，主要是用手机后，不停地有短信或电话进来，我会放下作业，给同学回复短信或者接听电话，这就像您刚才举例说的，80 度的水被同学从炉子上拿下来了，当我回完电话或短信后，水温已经降下来了，所以，我做功课花费的时间就多多了。”

“我们商量一下，这样的事情怎么解决才能不做傻子？如何提高时间利用率，充分利用学习单元时间呢？”我提出了问题，期待女儿回答。

“我可以把手机关了，可同学们就找不到我啦，这不行！！那，我可以将手机改为静音，这样没有铃声，我就不会被打扰了。”依依回答。

“这是个不错的想法，其实，我也是这样做的，当我需要整块时间的时候，也会将手机铃声调为静音，看来英雄所见略同！”我们击掌庆祝。我接着问：“手机调到静音了，放在什么位置呢？放在你的书桌上还是别的什么地方？”

“如果放在书桌上，只要收到电话或短信手机的屏幕会闪亮，还是会分散我的注意力。那我放到窗台上，这样眼不见，心不烦。当我完成功课后，再回她们的短信和电话。”女儿说。

“哈，不错的主意。我的方法是放在包或抽屉里。完成自己要做的事情后再看一下手机，按到显示一一回复即可。到目前为止，我还没发现哪个电话是十万火急，非立即接听不可的，短信就更不用说了。这样我们就可以充分利用学习单元时间，集中精力，提高读书学习的效率了。”就这样我轻松地与依依达成一致意见。

“难怪老爸能读那么多书，原来是把别人盗走的时间抢了回来。”依依说。

“我刚刚开始使用手机的时候，也是手机不离手，好像随时都可能有重大事情找我一样，慢慢发现几个月也没发生过重大事件，我只是一厢情愿把自己推到对别人重要的位置。乘机时不能开手机，几个小时过去了，不也没耽误什么事情吗？只是自己心理作怪。所以，依依要记得‘烧水’故事啊。如果我们谁再在需要静心做事时接听电话和发短信，彼此提示一声‘烧水’啊，我们互相督促，互相促进，严格自律。许多人是做不到自律的，自律像一块肌肉，你训练它的时间越多，你就更强壮。自律就是要有意识地控制好自己，安排好自己的时间，有原则地对待自己要从事的工作和学习，能够主动调整和把握自己的心理和行为。”

“好啊，老爸，‘烧水’！我影响您阅读了。”依依笑着说。

“哈哈哈，机灵鬼！你正好提示老爸要站起来活动活动了。”

之后的一段时间，虽然依依还会出现忘记将手机调为静音而中途接电话的事件，只要我们提醒她“烧水”这个暗语，依依马上调整。

四五年过去了，直到今天依依还保持着在做功课时将手机调为静音的习惯。

[分享]

目前许多学生都拥有多种联系方式，包括：手机、QQ、MSN、博客、微博等即时通，这些看似沟通便捷，而其隐藏的不利却不被学生重视。正因为这种即时联络工具的影响，我们不能做自己时间的主人，面临时间窃贼的严重问题。

浪费时间最多的是经常被打扰，导致时断时续地学习。现在手机控、微博控、网络控等越来越多，注意力分散，心神不宁等症状非常明显。

学生打开电脑先上网，所有网络联系程序自动打开，小图标一闪就想打开看看是什么消息。再重新回到学习状态时，就需要花时间调整大脑活动模式及注意力，才能在之前停顿的地方继续下去。

为解决以上问题，我有如下建议：

首先，将自动登录的联系程序调整为手动开启，以免被打扰。

其次，当不需要网络时，尽可能下线。

第三，手机静音，放在视线范围以外。

## 成绩受挫：给女儿的减压信

依依升入初中之后，明显感觉到中学与小学的不同。每天上课，老师们像走马灯一样，一节课一个人，而且作业量也明显增加了。虽然她学习很用心，晚上回家后也认真做作业，还是感觉力不从心。

我问她是否需要家教或者其他的支持，依依坚持自己适应一下环境再说。

但当第一次期中考试过后，她意识到自己没考好，回到家里垂头丧气，提不起精神。

饭桌上，她以往的快乐和幽默荡然无存。她沉默地吃了几口饭，转身进屋做作业去了。

"依依，今天饭也没好好吃，遇到什么不开心的事了吧。"我追到屋内问，夫人紧随着也进了依依的房间。

"我想静一会儿，一会儿再说。"依依说着，眼泪控制不住流了下来。

"好的，我们过会儿再过来。"说完，我与夫人离开了房间。

大约半小时后，依依走出房间，坐在我身边说："老爸、老妈，我现在没事了。"她又恢复了常态。

"看来是遇到不开心的事了。愿意和我们说说吗？"我说。

夫人接话说："有事别闷在心里，说出来看看我们能做什么。"

"我期中考试没考好。我付出挺多的，怎么没个好成绩回报呢？"接着依依又把她的成绩说得清清楚楚。

而我只是在静静地听依依的分析，倾听她少许的抱怨，仔细聆听她做的计划调整以及她认为失误的地方。

“初中和小学的学习方法不同，得适应一段时间。”夫人说。

“你希望付出与回报成正比，对自己的成绩不满意，咱们可以找找原因，是上课没听懂，还是练习不够充分，或者是考试的技巧没把握？”

“基本能听懂老师讲的内容，练习题做得也不少。不过，还是练习少了，不然就不会考试时间不够用了。”依依说。

“多做点练习题？什么时间方便，我们一起到书店去买点书回来，好好强化一下。”我说。

“老爸、老妈帮我报个课外班吧，听听其他老师讲课也许能开拓我的思路，提高学习成绩。”依依说。

“没问题，根据你的时间安排，你看哪天合适，我们去查一下。”夫人说。

最后我们约定好周日下午的时间。

依依说：“老妈，给我口饭吃吧。我饿啦。”

夫人马上给依依热饭，我和她继续聊着学习的事情。

饭后，依依开始做功课。

夫人对我说：“依依自尊心很强，她想通过自己努力提高学习成绩。可是她进的学校是‘人精’扎堆的地方，一个比一个厉害，一个比一个能学，我觉得在班里能跟上进度就不错了。”

“在这样的学校有压力是正常的，对依依来讲，压力就是她的动力。孩子希望提高学习成绩，主动要求报个辅导班，这是多少家长求之不得的大好事。刚才时间太短了，我还有些话没和她说，我把要说的话写出来，给她看看。写信比口头说说更有效。”

于是，我写道：

亲爱的宝贝儿：

期中考试结束了，刚才你与老爸尽量以平淡的口气谈考试成绩和评比结果，尽管你努力表现出乐观与豁达，努力表现出无所顾忌，但你眼睛的余光不时观察老爸的表现，你有担心，担心老爸会批评你，担心老爸会对你表达不满。

宝贝儿，你长大了。自从9月份你升入中学，你的参照对象就变成了小学同学中升入北京市重点学校的同学，你认为这些同学与你一样都进入了相同级别的学校，你们有可比性；同时你也把你的同班同学以及同年级同学作为比较对象，你希望在这个群体中能够取得优异成绩，老爸深为你的上进心及竞争的意识感到欣慰和快乐。

十月初，你的月考成绩在年级排名中占到前三分之一的位置，你很高兴，老爸同样分享你的快乐。毕竟你们年级中有五个“实验班”，所谓“实验班”，你明白那些学生是以非常优秀的成绩挤进去的，如果重新排序，你的成绩已经是“实验班”的水平了。

于是，期中考试之前，你为自己设定了更高的目标，希望考试成绩能排在年级前六分之一。老爸看到你考前努力复习，你认真刻苦的态度令我想起我的中学时光。考试过程中，考完当天，你回家就向老爸诉说数学有一道题目没时间改正，因为一道难题占用了你太多时间，在检查卷面时，你发现了另一道应用题解错了，却没时间修改，为此你懊恼，希望能够调整考试期间的时间安排。我听到你对自己考试时间分配的不满后，认为你是进步了。你以自己生活的体验作为依据，从失误中明白了时间管理的重要，我想分数丢了，但你的经验却有了。你自我感觉在这方面进步了吗？

在考前，你的英语复习得很全面，认为英语可以得满分，最终的成绩是96.5分，你自己也意识到是在小的地方出了些差错。你将试卷分析的结果告诉了我，为自己的粗心大意感到遗憾，你希望在这次考试中得满分。我相信你有这种能力。但结果既然已经出来了，就让我们一起接受这个现实。还记得老爸作为座右铭的那几句话吗？“安详让我接受我不能改变的一切，勇气促我做出力所能及的改变，睿智使我理解二者的差异。”考试结果已出，就是不可改变的事情了，让我们以一颗平常心去对待吧。但可以改变的是下次的考试，请你拿出勇气面对下次考试的挑战。

数学的分数如你所料：89分。你描述当数学老师在班上点到你的名字，他认为那道应用题你不该丢分，你与他有同感，只是时间没管理好。数学老师对你的信任和期待，给了你力量，你希望下次做得更好。

语文90分，你分析的结果是在作文方面需要加强练习，希望文章写得更好；同时你也认为自己的基础知识也有一些欠缺，会在这方面下些工夫。

亲爱的女儿，你知道你总分比上次提高了，你也认识到你进步了，别人也进步了，只是别人进步的步伐更大了，你希望自己也加快前进的速度。

在老爸对你的教育中，我始终坚持一种理念：读书学习是一种天生的本性，人们愿意学习和进步。这一点在你身上体现得尤为明显。你对学习的态度是：学习如同穿衣、吃饭一样，是自己的事情。但你却为这次考试成绩总排名退步，感到心中有一种隐隐的痛，你心有不甘。让我们一起再分析一下分数吧：

三科考试满分为300分，你的总分为275.5分，如果能够在考试的时间管理上做一些调整，那道应用题还可以得8分，你的总成绩应该是280多分了，与满分相差不过10多分，分到每科也无非是几分。我相信你所在年级应该没有或只有极少数人能得满分300分，大多数同学在作文方面扣几分是正常的。所以，当我们一起分析结果时能感到：你的成绩与排在前面的同学并没有太大的差距，没有本质的区别，没有不可逾越的距离。

亲爱的女儿，老爸将我们分析的结果写成一封书信给你，这仅仅是对一次小小挫折的记录，只是一次失误的事件而已。你知道，进入北京大学的那些各地的状元们，也都在学习上遇到过挫折。老爸读过北京大学社会调查研究中心的资料，现在也将有关的调研结果告诉你，虽然北大学生在中小学阶段的成绩优异稳定，但永远保持第一名的学生人数比重并不高。对北京大学学生的调查数据表明：

只有9.0%的北大学生从未遇到过“学习挫折”。

而有26.6%的北大学生在初中阶段遇到过“学习挫折”。

更有55.2%的北大学生在高中阶段遇到过“学习挫折”。

初中二年级和高中一年级是发生学习挫折的“高峰期”。

以上数据和结果并不特别或令人感到“意外”。“永远考第一”就好比要求运动员永远是冠军一样，终究只有少数人能够做到。初二是青春期的开端，高一是优秀学生集中激烈竞争的开始，发生学习挫折是正常现象。造成学习挫折的原因很多，在北大学生看来，主要有：学习方法不当(32.6%)、无法适应学习阶段变化(24.8%)、不喜欢任课老师(11.2%)、家庭变故(3.8%)、意外伤病(3.1%)、早恋倾向(2.5%)、游戏贪玩过度(1.4%)等因素。

那么，北大学生遭遇学习成绩下降时会怎么做？

有21.6%的人会“向父母倾诉，以获取支持与帮助”。

有25.3%的人会“向老师、同学诉说问题”。

更有47.4%的人“深藏心底，拼命努力证明自己”。

这样的结果提示给我们的信息是，你遇到学习挫折是正常的事情，当然，老爸要做的事情是做你的私人心理医生，与你一起梳理生活、学习中遇到的问题，老爸对你的态度是：永远无条件地尊重你、理解你、支持你。

爱你的老爸

2007年11月10日

我写完这封信，夫人先过目一遍，她说道：“有这么优秀的爹，还能养出有问题的孩子？”

我打趣说：“你瞧你要求也太低了，不出问题的孩子就是标准。你得把标准提高一个档次，跟上孩子的进步。”

夫人把信件放在孩子的床头。第二天我下班回家，发现我的书桌上有一个信封，打开一看是女儿写的简短的几句话，话虽不多，但已经看到了效果，她写道：

亲爱的老爸：

我会收藏您的信，有您这样的老爸，我骄傲，我自豪，我快乐，我幸福！

希望将来我成为老爸一样的家长！

爱您的依依

[分享]

孩子与家长一样关注学业成绩。没有哪位学生认为成绩差一些更有自豪感。

当孩子在最初遭遇学业困扰时，家长及时发现问题并采取有效方法予以解决就显得很重要了。特别是对那些不善表达、性格内向的孩子。

当孩子学习成绩有波动的时候，家长不必责怪、焦虑、埋怨，而是要将家长的积极作用充分发挥出来，想方设法地给予孩子温暖的关怀和积极的鼓励，帮助他们寻找成绩波动的原因，对问题和现状进行冷静分析。

## 生病与考试分数的关系

月考前一天，依依发高烧。第二天吃完药她就进考场了。考试结果出来后，她无精打采，回到家中，不停地说郁闷。

夫人看到孩子的表现，一再强调没考好是因为生病。

我立即接过话来，以依依的感受作为谈话的主题，说："宝贝儿啊，没考好你感觉不舒服。跟老爸说说你是怎么想的。"

依依说："这次排名一定又后退了，老师和同学会怎么看我啊？"

我说："你担心别人对你的看法，你认为他们会怎么看你？"

"我在班上是综合素质不错的，这次考砸了，到期末评比时，我一定会受影响的。"

我继续问："你担心期末评比，还有其他的吗？"

"别的没有了。"

我说："你不会担心亲爹亲娘对你动武吧。在你的记忆中我们家发生过因你考试分数而引起的男子单打、女子单打、男女混合双打吗？"

"我们家没有战争，这一点我特别放心。"依依乐了。

"看来，你知道爹娘不会因为考试成绩不佳而给你脸色。别说你生病没考好，就是不生病没考好，我们也不可能因此而动怒或者有失常的表现，对吗？"

"对。"

"无论任何原因，考试成绩出来了，如果没有教师阅卷出错的问题，你是不可能更改成绩了。这就是事实。是吧？"

“是的。”

“如果因为这次成绩而影响到期末评比，你除了郁闷之外，还有什么办法没有？”

女儿回答：“那只能期末考试考得更好一些，把这次失误挽救回来。”

“还记得老爸和你讲的那三句话吗？”我问。

“记得：改变可以改变的，接纳不可改变的，以睿智将二者区分。”

“那你现在就用你的聪明脑袋区分一下什么可改变、什么不可改变吧。”

“考试结果不可改变，我欣然接纳它。期末考试还没有进行，我通过努力可以重新取得在班上的好排名，也许我会更好，这是可以改变的。”依依说。

“强烈支持你的态度和观点。所以，你现在知道做什么了。”

“OK！小女知道啦。”说完，依依看书去了。

我转身对夫人说：“考试失误与发烧有一定的关系，但咱不要特别强调就是因为发烧了所以没考好，我们只需要体会她的感受就可以了。一味地将考不好的原因归结为生病，她会很坦然地接受这样的推理：生病引起考试失误，考试失误主要原因是生病，这样我们会误导她的归因。我遇到过一到考试就生病的孩子，他们不是装出来的病，是心理问题躯体化的表现。因为通过生病可以受益，即使考不好家长也不会责怪。解释没考好可以找到许多理由。咱当爹当娘的多听听孩子的感受，然后引导她以后怎么办。”

第二天，班主任邀依依谈话。起初依依心中忐忑不安，没料到班主任老师极力安慰她，说：“这次你没考好，我想你一定很难过。但老师知道你是个上进和各方面表现不错的学生。你没考好是因为发烧了，如果你考试当天请假，待病好了之后再考，一定会考出不错的成绩。”

女儿回应：“考试结果是客观的，我不能用生病为自己找理由，还是自己准备不够充分。即使发烧时我也非常清楚三七二十一、四七二十八。我想,这也许对我是件好事,提醒我期末考试要多做努力。”

老师一笑：“你这孩子和别人不一样噢。行，就凭你这句话，老师相信你一定能够重返你应在的位置。”

晚上回到家中，依依把她和老师的对话复述一遍。我感觉到依依的心理素质在不断地提高。

之后的一段时间，依依继续保持已有的状态，按部就班地学习和生活。

依依又面临考试了，我们请岳母周末过来住两天。岳母看到依依学习的状态，说：“宝贝儿，11 点了还在看书，你太辛苦了。”

“姥姥，我马上就结束了，您先休息吧。”

夫人也走过去，搭话说：“宝贝儿，你累了，早点休息吧。”

“嗯。”依依吱一声继续看书。

熄灯了，我和夫人躺在床上开卧谈会。我说：“依依读书还是有良好习惯的，这一点咱们真省事，不用天天逼着孩子读书。学习是孩子自己的事情,她做自己的事情,咱不把学习和辛苦劳累放一起说。广告词说得好‘学习是一种信念’，读书更是一种生活方式，我身边许多人都有随身带本书的习惯，哪怕几分钟的空闲都会把书拿出来看几页。就像逛街，男人感觉很累，女人认为乐趣无穷。无论孩子还是大人，只要是做着的事情，就说明值得继续。”

“我有空就喜欢逛街，每次你选择看书也不愿意陪我们，你认为逛街耽误时间。人各有追求，在追求中才有乐趣。”夫人说。

“所以，依依在读书过程中，也能找到她的乐趣。最近有几个同学把孩子送到国外去读书了，原以为出国读书会非常轻松呢，没料想孩子更厌学了。今天早上还有个同学给我打电话，让我通过网络劝劝她的孩子别折腾了。”

“无论在哪儿读书都需要付出。在网上看到的《哈佛大学图书馆的 20 条经典训诫》，我给孩子打印出来的，几位同事们看到材料也索要了一份，大家共同的感触是，一分耕耘，一分收获，天下没有免费的午餐。”夫人说。

“就是。虽然我们没时间考证那 20 条训诫的真伪，但从其字里行间的含义看，还是鼓励人们积极向上的。所以啊，天上不会掉馅饼，要掉只能掉陷阱。”

[分享]

在我的咨询案例中，学生考试失误反映出来的并非单纯的学习问题，他们的困扰表现在方方面面，如异性交往、父母的争吵、父母离异、父母再婚、同学之间的人际关系、睡眠不足、失眠、老师的态度、对学习的厌烦、父母对孩子的美好期待……这一系列的问题，看似与学习无关，但事实上都影响了孩子的学习态度和注意力。

归因理论认为：我们对成功和失败的解释会对以后的行为产生重大的影响。如果个人将成功归因于能力和努力等内部因素，他会感到骄傲、满意、信心十足，而将成功归因于任务容易和运气好等外部原因时，产生的满足感则较少。

人们对前次成就的归因将会影响到他对下一次成就行为的期望、情绪和努力程度等。而个人的期望、情绪和努力程度对成就行为有很大的影响。

相反，如果一个人将失败归因于缺乏能力或努力，则会产生羞愧和内疚，而将失败归因于任务太难或运气不好时，产生的羞愧则较少。而归因于努力比归因于能力，无论对成功或失败均会产生更强烈的情绪体验。努力而成功，体会到愉快；不努力而失败，体验到羞愧。

孩子在成长过程中同样会为自己不满意的行为寻找借口，即归因。当成绩不理想时，如果一味寻找外界因素如生病这样的不稳定因素作为理由，孩子则会产生侥幸心理；相反，如果归因为可控因素如努力等，将激发孩子学习的积极性和热情。

## 再一次月考来临

女儿期中考试失利后，我给她写了一封信，那之后她信心十足，更加努力了。

转眼一个月过去了，月考再次来临。

晚上九点钟，依依的功课都做完了，她说："老爸，明天我们要月考了，我有点紧张。"

"如果我明天考试，也会和你一样紧张的。"我说。

"我担心万一再和上次一样名次下滑，怎么办？"依依说。

"噢，你是不是上次成绩下滑后担心这次重蹈覆辙。"

"是的，万一考不好，同学和老师会怎么看我呢？"依依搓了搓手，说。

"现在，我们先做一次放松和冥想训练如何？将你担心的情境我们先演练一遍。"我说。

"好吧。"

我让依依舒适地仰卧在床上，放松全身。我关闭了日光灯，调暗了台灯，在CD机里放入瑜伽音乐，训练她的呼吸，使她紧张的神经慢慢松弛下来。我引导她开始放松，我慢慢地说道：

"缓慢深长地吸气，保持胸腔不动，使腹部慢慢向外完全扩张。呼吸要非常慢，听不到任何一点呼吸的声音。感觉空气进入到肺部底端，腹部充满气体。腹部扩张完成后，胸腔自然地衔接腹部的扩张，尽量向上向外扩张胸腔，腹部略微自然向内收缩。胸腔扩张完成后，锁骨和肩部微微上耸，把空气吸满肺部的最上端。此时身体的其他部位是放松的。呼气时，最先放松肩膀、锁骨及胸腔上部，之后胸部向内向下收缩。最后尽量向内收缩腹部，使肺部的空气排空。”

我按照完全瑜伽呼吸法训练依依，约5分钟之后，我换了CD机中的音乐，再放入一碟减压音乐，伴随着音乐，我引导依依进行冥想练习，轻声地说：

“现在是早上8点钟，再有10分钟就要开始考试了，你和同学们一样，都有一些紧张，大家都希望这次的考试成绩能够更好，每个人在之前都做了充分的准备工作，希望这一次月考名次能够进入光荣榜。”我稍稍停顿一下，继续引导她说：

“预备铃声响了，你已经在自己的座位上准备好了文具，并做了两次深呼吸。此时老师抱着考卷走了进来，他站在讲台上，面带微笑，双目环视大家，然后，他将目光驻留在你的脸上，他似乎在说：‘你是有信心的马泽，你是很努力的马泽，无论考试结果如何，老师都欣赏你。’你频频点头，示意老师说：‘谢谢老师的鼓励，我努力做到最好。我会将考试时间管理好；我会在简单题目上更细心。老师，我做好了充分的准备。’”我再次停顿片刻，让依依进入我引导的情景之中，然后继续引导说：

“考试卷子发下来了，你翻开一看，噢，即使有一道题目一时想不起来了也没关系，后面还有好多题目。做后面的题目也能够给你提供一些信息，让你有时间和精力回头再做这些有挑战的题目。后面的题目做起来很顺利，但你提醒自己，不可轻敌，从上一行抄到下一行的算式，包括符号、数字，你都要留神。你争取会的题目一次做对。”我看到依依脸上浮现着笑容，继续引导说：

“考试很顺利，还有半个小时的时间，你基本做完了考卷。你尽力将最后一道小题做完，你开始用剩余的时间去做更充分的思考，检查一遍做完的题目，将答案套入题目中换一个角度再验算一遍。噢，不错，你做对了。当你检查两遍后，铃声响了，你对自己很满意，毕竟会做的题目，你都做对了。你知道考试对你而言，是做给自己，只要自己满意，老爸老妈是你学习成长中强有力的后盾，是坚定的支持者。转眼卷子发下来了，老师站在讲台上说：‘这次同学们考试都有明显的进步，尤其是……’老师停顿了一下，眼光盯在你的脸上，他笑着对你说：‘你的进步是最大的，你原来成绩应该是这样的，只是这次本色展示了出来。只要准备好了，你就能获得你应有的成绩。’”女儿的脸上泛出满意的笑容。“快乐地，你快乐地回到家中，告诉老爸老妈你的成绩，老爸拥抱了你，老妈亲吻了你，你在这样的学校和家庭之中，感觉特别幸福。请记住：你的体内具有多种潜能，促你成为想成为的人。接下来，你将继续听一段轻松的音乐，让自己充分放松。过一会儿，我会唤醒你。”

当依依被唤醒，她坐起身，我问道：“你感觉如何？”

“好像我进入了考场，所有您说的都发生了。所有事情都真实地在我大脑里闪现，我有紧张的情绪，也有放松的感觉。其实考试不过如此，无论结果如何，爸爸妈妈都爱我，而我也爱自己。”依依回答。

转眼5天过去了，考试成绩发了下来。女儿的单科成绩、总成绩都有了进步。尽管她还不太满意，因为依然有些小错误出现，使结果与她的期望值有差异，尤其是英语，她本以为应该在98分以上，她表示很遗憾。

最终的年级排名出来了，依依知道自己总排名提升了 101 名次，她属狗，被同学戏称为“101 斑点狗”。

[分享]

考试焦虑是重视学习和压力较大的同学面临的一种普遍的异常生理心理现象，包括考前焦虑、考场焦虑和考后焦虑紧张。

考前焦虑是由于面临考试而产生的一种特殊的心理反应，是受考生的认知、评价、个性、特点等多方面因素的影响而产生的以对考试成败的担忧和情绪紧张为主要特征的心理反应状态。据统计有考试焦虑症状的女生是男生的 2 倍。

对于考试焦虑可采取多种方法治疗，如音乐治疗、冥想放松、认知疗法等。

## 从棍棒底下出孝子到“你是最棒的”

向左走还是向右走？

我们对孩子的教育由贬低、讥讽、指责、侮辱、谩骂、诋毁、拳脚相加、棍棒……走到另一端，即绝对欣赏、过度表扬、任意激励、无端夸奖、及时鼓励，并由此出现一些观点：好孩子是夸出来的、树起你的大拇指，告诉孩子“你真棒！”。这些观点大有走极端之嫌。

事实上，对孩子的教育还需要家长抱持理智的态度，一味地跟着新观点走，也许并不适合您家中小宝贝儿的成长。观点可以借鉴，但要分析后有针对性地借鉴和运用。

记得一期《星光大道》节目，六位参加这台节目的业余歌手中只有一位小朋友，在这个没有年龄、性别、阅历限制的节目中，孩子自然而然地失去优势，第一轮就被刷了下来。孩子的心理难以承受，泪流满面。主持人走上台去圆场，问孩子还有什么话要对大家说，泪光盈盈的孩子，带着哭腔，坚定地大喊：“我是最棒的！”

这样的情景在许多场合时常发生，但败了就是败了，输了就是输了，承认现实，承认自己还有发展空间，承认自己还有进一步努力可达到的目标就好了。既然已经确信自己是最棒的了，那就等于将自己的发展空间缩小为零了，再努力也上不去了。

表扬孩子时，要让他面对现实。家长说点实话未尝不可。如果一味地把“孩子，你是最棒的！”这种信念不停地传递给孩子，一旦他遇到挫折，会否定家长的教养方式；他也许会怀疑大人的真诚，他可能意识到父母的欺骗。孩子会自问：“既然父母一直说我是最棒的，为什么我败下阵来？为什么我前面还有别人？为什么我不是第一？”

孩子就是孩子，我们允许前面有人引领他，也不否定后面还有人不如他。他在今天只是站在人生过程中的某一个点位上，也许那不是最理想的，但那一个位置是属于他的。

孩子的期末成绩许多家长看到了，如果孩子取得了班上第一的成绩,是否是年级第一？是否是区（县）第一？是否是（省）市第一？是否全国第一？是否世界第一？第一,只有一个,所以谁也不是“最”。家长最好以温和一些的态度面对孩子，表扬孩子时要具体，而不只是泛泛而谈“你是最棒的！”。

有这样一个具体案例：一天，一位父亲听了一堂亲子教育报告，主讲人不停地告诉家长要表扬孩子、鼓励孩子，要时常说“孩子，你是最棒的”。而其初二的孩子也刚好参加了一堂以感恩父母为主题的班会，老师布置作业，要求学生们为家长做些力所能及的事情。

转眼，父亲下班回来晚了，孩子想到班会上的作业，主动为父亲拿了拖鞋，并说：“爸，您换鞋。”父亲突然想起家长会上讲师提到的激励孩子的方法，便脱口说了一句：“孩子，你是最棒的！”他没想到，儿子竟回应一句：“少跟我来这套！我帮您拿双鞋就是最棒的？您骂我弱智呢？”说完转身走了。父亲一头雾水,难道表扬错了？

表扬孩子是一件老生常谈的事情，但在亲子教育课堂上，通过有效的情景互动，我们发现在许多家长心目中，表扬孩子仍仅停留在表面工作，在技术上有提升空间。

我设定了这样的情境：孩子一蹦三跳地回到家中，或许还唱着那美丽的歌谣，见到爸爸妈妈以一种神秘的表情问：“妈妈，我们考试卷子发下来了，您猜我考得怎么样？”

基于以上情境，家长在互动过程中回答是：

1．“你一定是考得很好！”

2．“妈妈相信你最棒，你考第一了。”

3．“你的表情告诉妈妈，你考得不错。”

……

以上罗列的对孩子问题的回应，相信都会令孩子很高兴，可家长为何不故弄玄虚，延长孩子快乐的时间呢？比如，可以说“好，我猜猜……”、“你的成绩，你的成绩应该是，我再好好猜一下”等等。家长的有意猜测，可激发孩子对于自己好成绩的良好感受，他可更长时间在父母面前享受胜利者的喜悦。正如我们讲侦探故事，如果一下子就说出结果，故事也就变得乏味了。

情境继续：孩子打开书包，拿出自己的试卷，兴奋地说：“妈妈，我考了100分啊，我们班上，只有五个同学是100分。”孩子脸上充满了笑容。我们如何回应？

家长回答如下：

1．“妈妈真高兴，你太棒了！”

分析：孩子学习成绩，是妈妈的事情，孩子取得好成绩，妈妈高兴了。试问：孩子高兴了吗？

2．“孩子，考得不错！天外有天，继续努力啊！”

分析：胡萝卜加大棒的方式，为何立即告诉孩子天外有天呢？这就不是表扬，分明是告诉孩子他不行。

3．“孩子，我们出去庆祝一下，好好吃一顿！”

分析：物质刺激和成绩挂钩，下次如果不庆祝，孩子就会感觉失望。

学习是孩子自己的事情，我们不可替代他对自己的成绩负责。家长应该帮孩子自小树立一种理念，即学习与吃饭、穿衣是一样的；

相信孩子爱美，相信孩子饿了会吃。同样的，如果在孩子心目中学习是自己的事情，家长就可以从每天督促孩子学习和陪读中解放出来了。

[分享]

表扬孩子时须注意的几个问题：

第一，表扬那些在相应年龄段还没有固化下来养成习惯的良好行为。我们可以表扬3岁孩子吃饭很干净，可以表扬6岁孩子帮妈妈洗碗，可以表扬小学生写作业认真、学习有效率，也可以表扬初中生有审美能力。但是如果我表扬上初中的女儿吃饭很干净，也许她会放下筷子转身走了，也许她会故意吃得满桌都是，这是一种逆反和无声的反抗。因为那样的表扬与她的年龄不吻合，与她的能力不匹配。

第二，表扬近期比较突出的、有变化的行为。如有的孩子习惯在做功课时拖拖拉拉，不讲效率。家长可采取一些奖惩措施，包括在某一定时间段内做完功课可以玩十分钟游戏或者看半小时电视等，除此之外加上口头的表扬和奖励，效果会更好。

第三，表扬要注意间断。凡是家长认为孩子良好的行为表扬之词脱口而出或者及时物质奖励的，容易导致孩子良好行为的目的是为了讨好家长，获取表扬或奖励。而一旦自己有意表现好了，却未得到期待的家长反馈，儿童将可能失去保持良好行为的主动性，也可能采取有意退回到不良行为的方法，引起家长的关注。而间断式表扬和激励，即：不是每次良好的行为都能获得表扬，在良好行为建立之前表扬的频率可高一些，随着习惯的养成，表扬的次数递减，最后的结果是在无人表扬的情况下，孩子依然可以保持良好习惯，不再依赖于外界的力量。

第四，表扬也要有套路，即表扬的模型。表扬与批评一样，可运用同一模型，即，表扬（批评）= 具体行为 + 个人感受或评价 + 期待。

如：春节父母带4岁的小明回奶奶家，小明主动和爷爷奶奶等人打招呼（或不打招呼）。父母蹲下来，与孩子面对面或将孩子抱在怀中，在相对安静的环境中对孩子进行表扬或批评。

若表扬小明，可以说："宝贝儿，你一见到爷爷奶奶就跑过去高兴地叫‘爷爷好！奶奶好！'（具体行为），妈妈/爸爸看到你这样做，为你高兴（表达个人感受），觉得你是个懂事的孩子，大家都喜欢有礼貌的孩子。（同时可以配合对孩子的拥抱和亲吻动作）"

若批评小明，可以说："小明，今天一到爷爷奶奶家，你就跑着找玩具去了，没问候'爷爷好！奶奶好！'（具体行为），妈妈/爸爸看到你这样，有些不高兴（表达个人感受），妈妈/爸爸不喜欢没和爷爷奶奶打招呼的孩子（表扬要适度严肃，以示不快）。小明，我想你现在可能正想着去和爷爷奶奶问好，是这样吗？（告诉孩子现在做什么）"

如果泛泛地说"小明是最棒的！"或者"小明你没礼貌！"，可能会协助他滋生自大的态度或者不知如何调整自己的行为。

第五，表扬的主体定位在孩子身上，以"你"（指孩子）作为表扬的主语，以"你"为重点，效果会大有不同。如："孩子，你努力，你成功！爸爸分享你取得好成绩的快乐！"这样主体是孩子，孩子努力，孩子成功。家长只是扮演分享孩子喜悦的角色。

## 再遇小考失利

元旦前的月考，依依因为年级排名有了长足的进步，她受到了同学的羡慕，也得到老师热烈的表扬。她带着满意的微笑，和一份美好的心情回到家中。

我也将此好消息转达给了喜欢她的亲戚，让依依与更多关心她的人分享她的快乐，这是一种“喜悦的延伸”，让美丽笑容在她心间驻留得长一点，再长一点。

基于此，她或许有一些浮躁，短暂的放松是件极为平常的事情。我们也建议依依不必紧绷着那根紧张学习的弦，长期处于备战的疲劳状态。

元旦这个小小的假期，她玩得很快乐。她终于看了崇拜已久的偶像王铮亮演出的音乐剧，并在后台与王铮亮合影留念。她还到电影院看了场电影，约了小学同学叙旧，与中学同学聚餐，到图书大厦去读书，并安排了游泳和短期的旅游。三天的假期被她排得满满的，她独自安排闲暇时光，玩得格外愉快！

元旦刚过，她还没来得及准备，英语课就进行了百词测验。回到家中，她一脸的无奈，咂了咂嘴，说：“考砸了，考砸了。这次要被老师批了。”

第二天，我收到班主任老师的短信，内容是：“请关注孩子的英语词汇练习，马泽的百词测验 65 分。”

我回复道：“谢谢老师的提醒，晚上我会和她沟通。”

回到家中，孩子已经在做功课了。吃饭前，她已经完成了所有的作业。饭桌上，我们聊她喜欢的那些明星：王铮亮、胡彦斌、王力宏……

我问："你看王铮亮演的《莎士比亚的爱情密码》时，有没有喊：'小亮，我爱你！'"

依依回答说："还没来得及喊呢，就被管理人员镇压了。"

我继续问："如果没人管，你会喊吗？"

"会啊。大家都喊，我就跟着喊了。"

我再问："如果就你一个人，你会喊吗？"

"应该会吧。"

"哈哈，看来你犹豫了，不是很坚定的口吻噢。"我说。

简短的时间，吃过晚饭，我们和孩子约好外出遛弯，实现饭后百步走，活到九十九的诺言。

依依走在中间，左手挎着我，右手挎着夫人。我说："Honey，今天我和你们老师通电话了。"

"是吗？"女儿有一点点紧张了，能感觉到她挎着我的胳膊更紧了。

"老师说，快到期末考试了，像你这样的同学，是可以在期末考试中取得更好成绩的。他再三强调说你是个有潜力的学生，尤其是上次月考，你的表现是在他意料之中的，他一直很看好你，他很看好你噢。"我以调侃的语气说着。

依依并未真正放松下来。"他还说了什么？"

"他说，你是个严格要求自己的学生，各方面表现都很好，无论是同学关系，还是作业完成情况，包括一系列的测验，都表现很不错。"

"他说没说百词测验的事情？"

"噢，说了一句。他说这次你考得不太理想，可能是元旦放假的原因，你没准备好。不过没关系，谁能是常胜将军呢？"我说。

家长都能明白，我们希望孩子像每天开花的小草、像四季结果的树木。而成人都做不到的事情，又怎能要求孩子这样呢。即使在大学读书期间，我也曾有一二门枯燥的课程不及格，中学也有过成绩出差错的时候，有过偏科，也有过名次不稳定的情况，更有过成绩好了过喜，成绩不好大悲的情绪过山车经历，现在女儿也体验着这样的过程。我认可孩子的自理能力和自制力，响鼓不用重槌敲，我轻描淡写地说两句即可，不必没完没了谈下去。

“老爸，我考了多少分？”女儿继续追问。

我打开手机短信，给她看了一眼。之后，她无语了。

我们很快散步回来，进了家门，她迅速地打开书包，拿出英语书。

夫人悄悄地对我说：“她原以为考得不好，也就只能得 80 分呢，65 分的结果，出乎她的意料。”

“没关系，孩子 AQ 值高，一般的小挫折对她没什么影响，只能化成动力。不信，你就看。一会儿她会找你默单词。”我说。

“亲娘啊，帮我默一下单词吧。我从头看了一遍，我相信我自己，三个单元的单词一定都背会了。”

夫人帮助依依听写单词。我转身到书房，看书去了。

第二天放学回家。依依说：“老爸，今天和同学聊天，发现我们老师给三个同学家长发了短信，除分数不同外，内容基本一致。”

“是吗？那看来其余两位同学也是班上成绩很好的。”我说。

“是的，都是因为没准备，考得不好，一个 62 分，一个 66 分。不过这次都考得不太好。还有五个没及格的。”依依说。

“刚过完节，就考试，你们还没恢复状态呢。”

“我们聊天的时候，有位同学说，他的家长也收到老师的短信了，他一回到家就被他妈好好教训了一顿，对他动手了，惨呢。”

“哈哈哈，你想不想试试？咱买一送一，我先打你一顿，你妈再送你一顿。不过我猜测，这位同学今天单词默写会有不一样的结果吧。”

“拜托，老爸。我可不想挨打。不过今天他的确考得不错，他自己也说挨打就是管用。可是你们没打我，我的默写一点错都没有。”依依说。

“因为你昨天做了充分的准备。就依你这智力，只要看书就起作用。打孩子也是一种教育方法，只是不能乱打，不能狠打，也不能动不动就打。当我把所有的教育方法都用尽的时候，可能也只有一种方法教育你了，那就是……”

一家三口，异口同声地说：“打！”

依依呈抱头状，“逃”到自己的房间读书去了。

[分享]

老师出于信任家长，为求得家长的配合，有时会向家长反映孩子的一些问题，这是极为正常的。家长切记不要向孩子和盘托出，更不能用老师来压孩子。那样，孩子会记恨老师——认为老师是在家长面前使坏，师生关系就会受到不同程度的影响，这对孩子以后接受老师的教育极为不利。

家长应认真分析孩子暴露出来的问题的原因，从原因入手，解决孩子的问题。家长应从孩子心理的角度透彻分析，并用自己的行动，帮助孩子化解心结，同时帮助孩子与老师搞好关系，使其随时得到老师的关注。家长还应在孩子心目中树立老师的良好形象，这样孩子才能反思自己的行为，从错误中吸取教训，健康成长。

现在，孩子的成绩成了许多家庭情绪的阴晴表，似乎人生就是围绕着孩子的分数这根指挥棒而转。这可能导致孩子学习是为了取悦家长；而另一方面，当孩子对家长有不满时，也可通过不学习这一手段惩罚家长。面对孩子成绩的波动，家长要有一颗平常心。特别是在假期，应允许孩子放松和娱乐。如果他们一味为了成绩，不惜牺牲所有节假日，让孩子紧绷着神经去学习，未必有利于长久的发展，还可能引起学生厌学。培养孩子不能仅局限于眼前的利益，更要着眼于对孩子态度的培养和性格的塑造，尽管中、高考未涉及这些内容，社会这所大学却是围绕这些最本质的内容去考核的。

# 好成绩一起分享

依依升入中学的第一次期末考试成绩陆续出来了。每天回到家，她就向我们通报她已经知道的成绩。

数学，98 分；语文，96 分；英语，95 分；历史，99 分……其他学科成绩也陆续出来。

依依对知道的这几门功课的成绩比较满意。我分享她的满意与快乐！

当所有成绩都出来后，我征得依依的同意，将她的期末考试成绩公布在我的博客上，让依依为自己努力取得的成绩感到骄傲。

晚上回到家，女儿的功课已经做完了。她脸上洋溢着笑容，郑重地对我说："老爸，我被评为校三好了。按学校规定，每班两名区三好，六名校三好，两名校优干（'优秀干部'简称）。"

我微笑着，端起两杯茶水，一杯递到依依的手中，拍了拍她的肩膀说："小鬼，不错嘛！来，我们以茶代酒，喝一杯，祝贺一下。"茶杯放下，我伸出双臂，与依依亲密地拥抱着。

我拿起手机，按免提键，拨通了依依姨姥姥的电话，说："老姨，您没休息吧。"

"马健啊，没事没事。你最近忙吧。"老姨是个善良而热情的人，对晚辈格外关心。

"我还行，您身体挺好的？您孙女有话想和您说说。"一转身把手机递给依依。

"老姨姥，您好。"依依说。

“依依，要放假了，考得不错吧。”老姨说。

“还行吧。”依依向老姨逐科汇报了成绩。

“这么好的成绩，这么高的分，这可不是还行，是太行了！跟你爸爸一样，是念书的好材料。老姨姥祝贺你取得了好成绩。咱见面时，我得送你个红包，奖励一下。”老姨说。

“不用的，老姨姥。我还被评为校三好了。”依依说。

“瞧瞧，这才上初一就有这么好的成绩。而且在东城区最好的学校读书，你得超过多少人啊。给你的红包还得再加两张。取得好成绩，非常高兴吧。”老姨问。

“嗯。谢谢老姨姥。”依依说。

我把手机要过来，当着依依的面，接着说：“老姨，依依的成绩很好，平时也很努力，放学回家喝口水、吃点水果马上就开始做功课了，她是个很自律的孩子，自己的事情都是自己安排，不用我们太操心。看到她的成绩，首先想到向您汇报，让您也高兴高兴。”我看到依依幸福的样子，她在体验属于自己的快乐。

“这孩子从小就懂事，也知道学习。都是你们教育得好，看看现在多少孩子不是出这事就是那事的，真把家长急死了。”老姨说。

我拿着电话到另外一个房间和老姨聊天去了。

依依被评为校三好，这毕竟是升入初中以来的第一次评选，也是同学和老师对她的认可，所以，她显得格外兴奋。睡觉前，我去看了看依依主持的贴吧，她在网络上将自己的美好心情分享给了更多的同学。她在贴吧中写道：

大家表介意……

哈哈哈哈……

心情好……

吼吼……亲耐滴同学们哪……偶好开心的说……呵呵呵……来来来，小亮[①]，彦斌[②]，梓淇[③]，我今天心情好爽，送你们一个拥抱……嘿嘿……点点们[④]吃醋去吧……

嗯……也许大家认为没啥可高兴的哈……但是我今天心情就是好……

原因要阐述一下：

那个就是……呵呵……偶评上校三好的说……

这个可是偶初中的第一个奖项噢……（如果把班级最HC[⑤]奖也算在内，就素[⑥]第2个……）

很有纪念意义……撒花喽^_^

不过，这个还要写总结……汗死……还是写老一套吧……

（例如：亲爱的老袁[⑦]，可爱的同学们，帅气的小亮，有才气的彦斌，儒雅的梓淇，谢谢大家对我的支持与帮助，我知道自己还有很多不足，比如自己太HC了，这样班级的风气就不好了，我会尽量控制住自己的HC症状。还会注意自己的形象，尽量看到小亮的时候不流口水……嗯，以后少喝水……希望大家以后继续支持我哈……你们的大恩大德

① 快乐男声王铮亮。
② 男歌手胡彦斌。
③ 男演员高梓淇。
④ 王铮亮的粉丝团。
⑤ 花痴。
⑥ 是。
⑦ 年轻男班主任袁老师。

我永世难忘……希望大家相信我吧……)

就写这么多好了……话说，小亮最近好像长胖了，应该看着很舒服……呵呵 *_*

啊啊啊……不行不行，又开始 HC 了……不要啊……口水又流出来了……我可爱的电脑啊……

算了，将 HC 发扬光大……将爱小亮进行到底！！

(以后写一本《我的 HC 一生》……)

……点点们表[①] 打我……

[分享]

如果孩子的学习习惯已经养成，尽管其成绩也同股市一样涨涨停停，只要总体趋势向好，家长就尽可以放心让孩子自己去感悟，放心让她去调整。当孩子成绩考好时，我们感受她的喜悦：祝贺你！分享你的快乐！满意着你的满意。当孩子考得不好了，也不必感觉付出的努力付之东流了，而需要协助孩子分析失利的原因。

培养孩子良好的习惯是家长的责任。一旦习惯养成，余下的事情就可交由孩子自己去完成，放手让孩子自由成长。

① 不要。网络用语。

## 分数是重要指标

“分，分，学生的命根”，凡做过学生的都有此深刻体会。尽管分数不能代表一切，但分数对于在校生而言却是一项重要的评价指标。

2008 年 5 月 4 日，我到高教音像出版社录制了两张光盘，题目为《面对孩子成绩单》。晚上回到家中，依依说：“老爸，我们最近要开家长会了，我希望您参加噢。”

依依初二第一学期期中考试结束了，考试过后开家长会，这是学校的惯例。学习成绩是老师和家长共同关心的话题，也是最容易量化的，因为是以实实在在的数字为依据。分数面前，人人平等。

依依提出要求，希望我去参加家长会，一定是这次考试又进步很多。当年读大学时来自陕北农村的同学常说一句俗话“养驴的还不知道驴脾气？”，尽管比喻不恰当，但含义非常直观明显。

我说：“最近关于高三心理辅导的讲座和个案咨询特别多，如果你能说出哪天开家长会，我就把时间调整出来。挣钱养家固然重要，但参加宝贝儿的家长会是重中之重的大事。”

女儿接话说：“老爸，您参加家长会，我不会让您没面子的。放宽心吧。”

“哦，你进步了，成绩提升了，最快乐的是你噢。老爸只是在旁边分享一点你的快乐。学习是……”

话没说完，依依已经接了过去，她说：“学习是我自己的事情，如同穿衣吃饭，我才是主体。就像过生日，虽然家人和朋友也吃了一块蛋糕，可是长一岁的是我自己而不是其他吃蛋糕的人。”

“对啊，所以，我就是那个吃蛋糕的人噢。说说考试情况，进步了多少？让我提前吃块‘小蛋糕’，分享一下你的快乐。”我说。

“全年级进步了 20 多名，班上排名第八。”她第一次说出班上的排名。

“不错啊。前十名。我看出你对自己的成绩比较满意，一进门就发现你今天笑容格外灿烂。马路上吵架的人都少了，看来今天全民高兴了。”我说。

“老爸，允许适度夸张，不允许夸张过度啊。这次考得还凑合吧，如果我英语不是因为粗心大意看错题，至少还能再增加 5 分。”女儿解释说。

“知道原因了？那就好。班主任也说你很有潜力，只要你设定了目标并付诸努力，你就能有飞跃。你们班主任看人很准啊。对了，前几天宁宁小姨给你机会，允许你带了几个同学去看何洁的演唱会，她们感觉如何？”

“那几个人是盒饭[①]，她们像疯了一样又唱又跳。我喜欢小亮，在魏小乖[②]的演唱会上，我到后台和小亮照了合影。老爸，你看！”依依拿出手机给我看合影。

“我可是有点酸酸的感觉，你对老爸可没这态度。”

“老爸，别吃醋。您和他不同，我爱您，我喜欢他。您与他有本质的区别。”

和依依就这样东一句西一句地闲聊着。夫人把晚饭做好了，女儿主动拿了碗筷，把饭盛好，我收拾桌子，一家三口饭桌上说说笑笑，

① 超女何洁的粉丝团。

② 快男魏晨。

乐趣无穷。

时间过得真快，初二第一学期匆匆就结束了，依依拿回成绩册，我看到她的成绩是：数学，92 分；物理，92 分；语文，98 分；英语，97.5 分；总分 379.5 分，满分 400 分。依依还介绍了班上最“猛”的学生，四科总分 397，仅丢 3 分。

[分享]

在我接触过的案例中，面对孩子的学业成绩，家长会出现两种稍显极端的态度：

一味地否定学习和考试，认为学生应该“快乐”成长，而这种快乐就是“玩”，一谈学习就认为摧残学生人性。否定考试制度和学校的评价标准。

另一种态度是为了考试分数，不惜废掉孩子在其他方面的兴趣和爱好，分数至上，将孩子转变成读书机器。

学生应以学为主，其他活动和兴趣的培养是为了让孩子将来的生活更丰富多彩。学习、休闲娱乐两手抓，家有中等生，把孩子培养成普通人，这是我的主导思想。

[延伸阅读3]

## 矫正孩子动作拖拉

许多家长反映，孩子在生活与学习方面存在动作拖拉的问题。家长急孩子不急，大声训斥和打骂也不能改变孩子拖拉的坏习惯。

因家长较重视与学习相关的拖拉问题，家长感觉孩子动作拖拉集中表现在起床、课业、娱乐无节制等方面：

清晨起床拖拉。清晨，家长千呼万唤，孩子不起床。为孩子准时上学，家长不得不越叫越早，孩子在床上半睡半醒的时间越来越长。清晨十分钟可以完成的事情，延长为半小时或者更长。

课业拖拉。孩子在写作业的过程中，一会喝水，一会上厕所，一会听听音乐，一会抠抠手指等等，注意力不集中，本来50分钟可以完成的功课，拖延到两个小时或更长。

娱乐休闲与学习转换的拖拉。孩子看电视、玩游戏等没完没了，而迟迟不动手做功课，无论家长如何催促，仍行动缓慢，导致为完成作业，孩子不得不熬到深夜。

在对大学生进行咨询的过程中我发现他们拖拉的原因集中表现为：自幼效仿家庭中有拖拉习惯的成员而习得的习惯；父母包办替代过多，使孩子失去迅速动作能力；完成作业之后，父母额外增加练习题目，导致孩子产生厌学情绪，拖拉的目的是逃避过多的作业；由于父母态度强硬，孩子故意与父母作对，有意拖拉；等等。

因此，身为父母，应针对孩子拖拉的习惯与成因采取相应有效的措施。

父母自己应避免拖拉。如在厕所里不看书报或杂志，早上不睡懒觉，不把无休止地看电视作为家庭娱乐的主要方式，做到有选择地观看电视节目。生活有规律，有时间观念，做到守时。

叫孩子起床，可采取闹铃叫醒的方式，而不是家长一遍一遍地哄孩子起床，决不可无节制地提前唤醒孩子的时间，否则孩子就养成信赖性，家长很辛苦，孩子也不能很好地休息。

当孩子在看电视时，与孩子协商看电视的时间，而不是一味地指责孩子只看电视不做功课。要求孩子做功课时，压低自己的声调，而不是高声呵斥。与孩子沟通需要一定的技巧，示范如下：

P:“孩子,你已经看半小时电视了。你是10分钟后还是15分钟后，关上电视开始做作业呢？”（一般而言，给孩子两个选择，最长的时间最好是节目告一段落的时间。P代表父母。）

C：“15分钟。”（孩子往往会选择最长的时间，家长需要有心理准备。C代表孩子。）

P：“15分钟后，你需要我提醒你么？”

C：“不需要，我自己能行！”（孩子有主动性，他们愿意自己做选择，然后执行自己的决定，因此，家长要放权给孩子。）

在15分钟之前，父母应给孩子一些暗示，比如让孩子意识到自己看时间，或者在孩子面前走过。当孩子15分钟后准备做功课时，要告诉孩子，他是个守时守信的人，给孩子一些语言奖励。随孩子习惯的逐渐养成，奖励逐渐减少，使之固化下来，形成自动化行为，从而养成自觉做作业的习惯。

面对孩子做作业时的拖拉问题，要先分析是否是因作业量超负荷造成的。如果是，建议家长适当减少孩子的额外负担。如果不是，家长应记录在写作业过程中孩子吃喝、上厕所、听音乐等无关行为所作用的时间，并与孩子协商减少无关行为的方法，如：写 50 分钟作业休息 10 分钟，休息时可自行安排活动，10 分钟后，应该继续做作业。如果孩子年龄大，改变这一习惯需要相对较长的时间，建议家长从小抓起。

许多家庭教育专家认为，如果孩子在 6 岁以前没有养成良好的行为习惯，那么，6 岁之后就需要家长付出更多的时间和精力对孩子进行再教育，因此，家长不能急于求成，要给孩子一个矫正习惯的过程。

[延伸阅读4]

## 高三考生临考前的心理调整与自我管理

自三月份始，我们按惯例组织师资对高三考生进行心理疏导及放松训练。学校反映很多考生有如下问题：压力过大、睡眠不足及失眠、注意力分散、记忆力下降、健忘、人际关系紧张、考试成绩不稳定，等等。

参加学校组织的现场咨询的考生家长普遍反映考生食欲不振、脾气暴躁、彼此难以沟通、考试成绩不稳定。考生也提出压力过大、学习无效率、目标不明确、经常烦躁等一些心理问题。教师感到有些考生学习刻苦，但成绩提高不明显或者还有退步的现象。

2006 年 5 月 29 日，腾讯教育对 1293 名高三考生做了问卷调查，量化结果如表 1 所示：

**表1：高三考生调查结果**

| 调查内容 | 调查结果显示 |
| --- | --- |
| 1.考生每天的睡眠时间 | 23.52%的考生每天的睡眠时间不足4个小时，这部分学生每天晚上“开夜车”，白天复习打不起精神，存在严重的睡眠不足现象。 |
| 2.考生每天的运动时间 | 53.72%的考生每天基本不做运动，而有43.86%的考生每天的运动时间在 1 个小时以内。 |
| 3.考生心理压力 | 82.81%的考生考试感到有心理压力，其中有51.39%的学生感觉“有压力，但是能够应对”，而31.42%的学生感觉“考试压力太大，难以忍受”。在这项调查中还显示有17.18%的学生感觉“无压力”。 |

| | |
|---|---|
| 4.复习科目如何安排 | 44.66%的考生能够做到注重巩固基础知识，对自己的薄弱环节有针对性地复习，另外还有15.94%的考生能够做到文理学科交叉复习。 |
| 5.学习时间 | 30%以上的学生每天学习时间在10个小时以上。 |
| 6.关于电视 | 有40.40%的考生根本不看电视，而25.54%的考生每天看电视的时间在30分钟以内。 |
| 7.学习环境 | 有72.99%的考生复习主要是在学校进行，而15.02%的考生主要是在自己家中复习。 |

北京大学社会调查研究中心“专攻北大”课题组对北大学生“高三冲刺阶段良好的学习习惯”进行调查，统计分析了回收的1600份问卷，结果如表2所示：

**表2：北大学生高三冲刺阶段良好学习习惯的自我评价结果**

| 内容 | 比例 |
|---|---|
| 1．学习有动力和兴趣强 | 85.8% |
| 2．学习自觉性（自我管理）好 | 91.6% |
| 3．学习勤奋程度高 | 80.7 % |
| 4．学习时间安排合理 | 90.8% |
| 5．学习方法运用得当 | 89.8% |
| 6．考试心理、应试技巧好 | 91.1% |

对比可见，对于考生进行自我管理能力的训练是亟待进行的工作。只有确立适切的目标，营造良好的学习氛围，科学合理用脑，有效地安排时间，以良好的心理状态面对高考，才能取得优异的考试成绩。

## 一、确立适切的目标

哈佛大学有一个非常著名的25年跟踪调查，调查对象是一群智力、学历、环境都差不多的年轻人，调查发现：27%的人没有目标；60%的人目标模糊；10%的人有清晰但较短期的目标；3%的人有清晰且长期的目标。25年后追踪调查发现：没有目标的人生活在社会的最底层，整天抱怨整个世界的不公；目标模糊的人处于社会的中下层面安稳地生活与工作；有清晰但较短期目标的人成为各行业的专业人士；有清晰且长期目标的人成了社会各界的顶尖人士。

作为高三学生，同样需要确立自己的人生目标，并依此制订阶段性的目标和计划。有8%的北大学生在高三时才确立明确而稳定的学习目标，这表明在任何时候都要拥有信心，保持希望，而最关键的是从现在做起。对多数考生而言，近期目标可以设定为以积极的状态和充分的准备迎接高考，再细分为每月、每周以及每日的学习目标和任务，同时设定一个可以达到的效果，并对自己的努力和结果进行检查和自我反馈。

设定目标时需运用SMART理论，即Specific（特殊性）、Measurable（可测量性）、Achievable（可实现性）、Realistic（现实性）、Time-based（时间基础）几个单词的首字母缩写。尤其需要确定设定的目标是个人可及的目标，即该目标经过个人努力可以达到，而不是别人的目标。如果目标过高，自己努力也未能达到，会导致士气下降，产生紧张情绪；而目标过低则易松懈，产生浮躁心理。

## 二、营造良好的学习环境

学习需要有良好环境，这是提高学习效率的重要保障。在校学习，考生应与班级的学习氛围相融合，拥有“知学”、“好学”、“乐学”的良好心理状态。在家学习时，尽可能创造安静、整洁的学习场所，排除干扰。书桌整理干净，学习物品码放有序，尽量少放或不放与学习无关的东西，学习时尽可能不要开着电视或播放音乐。学习之前，应把相关的学习用品准备好，否则找东西也会浪费许多时间。努力避免因各种原因中断学习过程，提高时间利用率。

你在学习之前，可进行几分钟的放松练习，尽快进入最佳学习状态。因为良好的情绪状态对大脑活动有重要的影响。在考生状态不佳时，宜采取先从自己比较感兴趣的内容学起，经过一段时间，大脑状态好转后，再进行不太感兴趣的内容的学习。

在学习过程中，可尝试如下具体方法：

(1) 在规定的时间内，按计划进行相应科目的学习，尽量少受外界环境的影响。

(2) 在最短的时间内使注意力集中起来，给自己一些积极的暗示，如“我现在要快乐地学习了”。

(3) 到了约定的时间，立即停止手头的学习，开始下一个计划任务，如锻炼、休息或复习其他课程，避免拖延。

(4) 按时或提前完成计划时，可自我暗示，如“我提前完成了任务，我值得自我表扬”，“我是有能力完成计划的人”，“我是个信守诺言的人，我会有更好的发展”，等等，借此营造良好的心理环境。

在遇到学习挫折时，借助家长、教师、同学等的帮助，调整自己的情绪，为自己营造良好的心理环境。在学习成绩下降时，北京大学的学生的处理方法是：有 21.6% 的人会“向父母倾诉，以获取支持与帮助”；有 25.3% 的人会“向老师、同学诉说问题”；也有 47.4% 的人“深藏心底，拼命努力证明自己”。选择适合你自己的排解方法，做最好的自己。

## 三、面对紧张情绪，学会自我调整

考生的不良情绪大多体现在对考分的过分看重，担心考试和升学结果。造成这样的问题，一方面有群体效应，即把考试分数作为衡量学生能力的唯一指标。另一方面，学生将获取高学历等同于人生价值和个人发展。考生的不良情绪多表现为：情绪过于紧张、考前产生焦虑、记忆力下降、思维迟钝、头脑出现空白、情绪低落、精神过于松弛沮丧等。只有减轻心理负担，才能减轻压力，也才能健康愉快地学习。

考前调整情绪需要对自己有一个积极的认知，即使北大学生也有 55.2% 在高中阶段遇到过“学习挫折”。对自己的努力、成绩等要有一个肯定的自我评价，能够认识到自己已经尽了努力，与自身做对照已经取得了进步，做最好的自己即可。

即使做到如上所述，仍然有一部分考生会出现考试焦虑，文中附录为“中学生考试焦虑自测问卷”，考生可以进行自评并根据结果采取不同的调节方法，解释如下：

对有中度和重度考试焦虑的学生建议：

1．学会调整期望值。心理学研究表明，过高的期望会导致较大的心理压力。如果目标太高，超出学生的实际能力，他会因没有把握而忧心忡忡，这种对失败的恐惧必然会使学生在考试期间过分担心，反而分散了注意力。

2．培养一定的应试技能。研究发现，学生的应试技能与考试焦虑有一定的相关联系。应试技能较差的考生其考试焦虑程度偏高，应试技能较好的学生其考试焦虑程度则偏低。所以，学校和家长要加强对考生的考前辅导，帮助学生养成良好的习惯，帮助学生做好考试准备。

3．学会自我调节。对有考试焦虑的学生，一定要让他们知道什么是考试焦虑,学会辨认一些线索。如,一旦出现心跳过速、手足冰凉、注意力无法集中等,便要进行自我谈话。比如对自己说“这次考不好，下次还有机会”、“相信自己的能力”、“只要正常发挥就没有问题”，等等，这对调节考试的不良心态很有帮助。另外，考生还可以学会一些放松的方法，以帮助保持平静，预防考试焦虑的发生。

4. 放松训练的方法很多,本文仅介绍深度腹式呼吸法,其要点是：视线集中在眼前的某一点，意识也集中于那里，不眨眼睛，用力注视。

步骤一，双脚与肩膀同宽站立，用力收缩肛门，两脚拇趾用力，颈、肩、臂各部位放松。

步骤二，用力把气呼出，深深吸气，手掌摊开，双臂自左右两边举起，与肩膀同高。

步骤三，握紧拳头，双肘弯曲，停止呼吸。之后，呼气手臂伸直，缓缓恢复原来的姿势。

说明：停止呼吸的时间最初自6秒钟开始，习惯后可延长到15秒钟为度。重复做3次。

如果通过以上方法仍不能调节考试焦虑的话，则有必要寻求心理辅导老师或者心理咨询师的帮助。

## 四、集中精力，提高学习效率

考生常常出现注意力不集中、精力分散、“走神儿”现象。其原因可能是：学习目的不明确、内容太难负担过重、单调刺激而引起的厌倦感、长期精神紧张或者大脑未得到充分休息而引起的疲劳效应。

“注意紧张状态”理论提出学习单元时间概念。在学习单元时间内学生应保持注意紧张状态，避免在一个既定学习单元时间内分心。由于个性差异，每个人的学习单元时间可能不尽相同。根据考生的感受，有人学习单元时间是 25 分钟，分析自己学习单元的时限，确保复习在学习单元内进行。

克服注意力分散的三步控制法：首先，当出现某种不良情绪时，考生应敏感地意识到，并提醒自己不能成为情绪的俘虏。其次，尽快着手按已定的复习计划学习。最后，继续学习，直到完成。这样考生就应该能够克服在一个学习单元时间内注意力分散的不良习惯，从而提高学习效率。

## 五、合理休息，保持旺盛的精力

中学生每天睡眠时间在 6—10 个小时都是合理的，睡眠时间可根据个人的身体和学习情况有所增减。睡眠可以使身体各部分机能迅速恢复能量，考生每天中午抽出 30 分钟午睡，是下午和晚上有效学习的保障。

实验表明，在处于清醒状态和学东西时大脑十分活跃的部分，在进入睡眠状态后仍然在紧张地工作，人们醒来后能比入睡前更好地完成刚学做的事情。睡眠不仅可以恢复体力，解除一天工作的疲劳，休息大脑，而且对于存储记忆也发挥着重要作用。

因学业的压力及大量的作业，部分考生出现失眠现象，致使出现不良情绪。心理学家认为一夜不睡，并不影响人的智力和记忆水平。个别考生因失眠而使成绩下降或考试失败，这主要由考生对未睡好觉这件事本身的误解所致。

为了睡得香，不妨试试下面的方法：

1. 作息定时。人体的生物钟运行精确，我们每天都会在同一时间醒来，即使休息日也应该尽量在平时起床前后的一小时内起床。

2. 调节体温。理想睡眠环境是阴凉黑暗的房间，如果入睡难，可以脱掉一层衣物或者调低室内温度。

3. 睡前少许进食。睡前不能兴奋，不建议饮用咖啡或睡前进行剧烈运动。

4. 床只用于睡眠。如有空间，最好将学习资料和电脑、电视搬出卧室。

保持旺盛的精力还需合理的运动。考生每天安排的运动时间在 1 个小时左右是比较合理的。考生要学会利用学习的间歇时间做一些简单的身体活动，认真做好课间操。课间 10 分钟活动起来，千万不要把这些活动时间再用来读书学习，必要的身体锻炼可以保证学习活动的可持续性。

## 六、科学用脑

有些教师反映，看到考生学习很用功，刻苦学习的精神令师生感动，考试成绩却出人意料的差。有些学校近乎提出“向时间要成绩！”的口号，这种精神可嘉，但效果往往不尽如人意。只有科学用脑，才能取得良好的效果。

学习时要注意调整学习内容。因不同内容的学习是由大脑的不同部位支配的，左半脑负责控制人的具体行为，如演讲、写作、语言和运算，而右半脑掌管控制人的想象活动，如空间思维能力、音乐和直观感受。变换学习的方式和内容可以使大脑皮层的某个部位由抑制状态转为兴奋状态，从而解除神经细胞的疲劳，使大脑得到休息。一般而言，学习一门功课的时间以 1—2 小时左右为宜，换学另一门功课时，中间最好进行“课间休息”，这有利于大脑得到适当的休息，从而提高学习效率。

记忆是考生的一大难题，许多考生感觉记不住知识要点。事实上，记不住是正常的现象，一半的记忆在4个小时内即消失了，艾滨浩斯遗忘曲线告诉我们记忆的规律，因此，为了提高记忆力，在两个月内复习4次，效果最佳。复习日程安排为第一次复习在翌日，第二次复习在一周后，第三次复习再隔两周，第四次复习隔一个月。在复习时尽量利用五官来记忆，不要只靠眼睛看，动手在纸上写、读出声音来都有助于记忆力的提高。

总之，考生具有良好的自我管理能力，才可提高学习效率，获得较好的效果。保持心理健康，学会放松，合理地休息，有效地睡眠，适当地运动，科学用脑才能取得优异的成绩。

预祝各位考生发挥出自己的水平，给自己一份满意的答卷。

**附录：中学生考试焦虑自测问卷**

本问卷可用来检测中学生的考试焦虑程度，共由33个题目构成，每题有4个备选答案，请你仔细阅读每一个题，并根据自己的实际情况，选出A、B、C、D中的一个填在题目前的圆圈里。其相应字母的意义如下：

A＝很符合自己的情况；B＝比较符合自己的情况；

C＝较不符合自己的情况；D＝很不符合自己的情况。

○1. 在重要考试的前几天，我就坐立不安了。

○2. 临近考试时，我就泻肚子了。

○3. 一想到考试即将来临，身体就会发僵。

○4. 在考试前，我总感到苦恼。

○ 5. 在考试前，我感到烦躁，脾气变坏。

○ 6. 在紧张的复习期间，我常会想到："这次考试要是得到个坏分数怎么办？"

○ 7. 越临近考试，我的注意力越难集中。

○ 8. 一想到马上就要考试了，参加任何文娱活动都感到没劲。

○ 9. 在考试前，我总预感到这次考试将要考坏。

○ 10. 在考试前，我常做关于考试的梦。

○ 11. 到了考试那天，我就不安起来。

○ 12. 当听到开始考试的铃声响时，我的心马上紧张地急跳起来。

○ 13. 遇到重要的考试，我的脑子就变得比平时迟钝。

○ 14. 看到考试题目越多、越难，我越感到不安。

○ 15. 在考试中，我的手会变得冰凉。

○ 16. 在考试时，我感到十分紧张。

○ 17. 一遇到很难的考试，我就担心自己会不及格。

○ 18. 在紧张的考试中，我却会想些与考试无关的事情，注意力集中不起来。

○ 19. 在考试时，我会紧张得连平时记得滚瓜烂熟的知识也回忆不起来。

○ 20. 在考试时，我会沉浸在空想之中，一时忘了自己是在考试。

○ 21. 考试时，我想上厕所的次数比平时多。

○ 22. 考试时，即使不热，我也会浑身出汗。

○ 23. 在考试时，我紧张得手发僵，写字不流畅。

○ 24. 考试时，我经常会看错题目。

○ 25. 在进行重要的考试时，我的头就会痛起来。

○ 26. 发现剩下的时间来不及做完全部考题，我就急得手足无措，浑身大汗。

◯ 27. 如果我考了个坏分数，家长或老师会严厉地指责我。

◯ 28. 在考试后,发现自己会做的题目没有答对时,就十分生自己的气。

◯ 29. 有几次在重要的考试之后，我腹泻了。

◯ 30. 我对考试十分厌烦。

◯ 31. 只要考试不计成绩，我就会喜欢考试。

◯ 32. 考试不应当在像现在这样的紧张状态下进行。

◯ 33. 不考试，我能学到更多的知识。

〖计分规则与结果解释〗

计分按A、B、C、D对应3分、2分、1分、0分。用下面的公式计算总得分：总得分＝3× 选A的次数＋ 2× 选B的次数＋选C的次数。

根据你的总得分即可推断你的考试焦虑程度：0—24分可认为是对考试镇定自若；25—49分可认为是轻度焦虑；50—74分可认为是中度焦虑；75—99分可认为是重度焦虑。

**参考资料**：


1. 曾令国、刘春平. 超常记忆密码破译. 第1版. 中国青年出版社，2001.7
2. 〔日〕池谷裕二. 任何人都可以成为天才——大脑记忆与学习方法. 马宋芝译. 第1版. 中国对外经济贸易出版社，2003.8
3. 彭剑飞. 考试心理指导艺术. 第2版. 湖南人民出版社，2005.1
4. 宋专茂. 心理健康测量. 第2版. 暨南大学出版社，2005.3

5. 陈丽云、樊富珉、官锐园．身心灵互动健康模式：小组辅导理论与应用．第 1 版．民族出版社，2003.6

6.〔美〕迈克尔·罗伊森、迈哈迈特·奥兹．YOU 身体使用手册．兆彬、俞睿译．第 1 版．译林出版社，2006.8

7. 北京大学社会调查研究中心“专攻北大”课题组.人人可以上北大——北大学生的家庭教育．第 1 版．中国传媒大学出版社，2006.8

# 乐观生活：女儿的“心理顾问”

对孩子的教育要根据家庭的实际情况，尽可能让孩子从多种角度考虑问题。挣自己能挣的钱，大鱼吃小鱼，小鱼吃虾米，虾米吃淤泥，不必从头吃到尾，要选择适合自己的事物。

在家庭教育中，角色扮演是一种非常好的方法。让孩子在角色中体验他人的感受，学会正确解决问题的态度和方法。

人们越来越明确除了关注孩子的学业成绩之外，还要将孩子培养成一个具有综合能力和素质的人，以便其将来步入社会后能够自如地发挥自己的能力。

时间管理、情绪管理、有效沟通，这些基本的技能是工作人士的必修课程，对孩子而言，这些综合素质也格外重要。

“有爱心、有感恩之心”是当代教育对家长提出的重要课程，如果对他人多了一份爱心，自己也将变得更健康。

## 心理问题低龄化

《保健时报》的记者邱爽女士就“心理问题低龄化”这个话题采访过我。

她问道：“频频出现的学生抑郁、自杀等问题，让很多人不解。他们到底怎么了？”

其实，很多学生的心理问题都源于儿时埋下的隐患。心理问题正逐渐呈现出低龄化、隐匿化的趋势，也就是说，每个阶段的儿童都可能有心理问题。

中小学生常见的心理健康问题表现在学习、情绪、意志、行为、性格、品德和性心理等方面，如学习障碍、厌学情绪、考试焦虑、不良学习方法及习惯、学校恐惧、社交恐惧、抑郁、强迫行为、固执行为、多动症、咬指甲、口吃、儿童抽搐症等，还包括偏激、狭隘、嫉妒、自卑、孤僻等不良性格。

邱记者问：“心理问题为什么会越来越低龄化呢？”

我认为，主要有以下几个原因：

一是社会环境的影响。现在的家庭大多是“四二一”结构模式，即四位老人，两个家长，一个孩子。此时，这一个孩子便成为整个家庭的核心，家庭成员的一切活动都以他为主。在这种环境下，“隔代教育”、“屏幕儿童”应时而生。他们所接触的环境和所具备的能力都与自己的年龄不相符。再加上现在人们居住的大都是楼房，小朋友们很少有机会在一起玩耍，久而久之，就容易与社会脱节。

二是父母提供过于优越的条件。一些家长在孩子缺乏基本的生活常识、动手能力很差的情况下，把除了学习以外的所有事情都一概代劳，使孩子抗挫折能力得不到提高。从小学到高中，学校的老师对孩子也管得很严，突然进了大学校门之后，孩子一下不能适应大学里的生活，使得原本就十分脆弱的心理受到了新挑战，久而久之，心理问题必然表现出来。

三是过度教育。家长从孕育孩子开始就定下“不要输在起跑线上”的目标，年幼的孩子被迫去上各种培训班、补习班。家长都认为这是为孩子好，这是为孩子将来着想，其实是把孩子以后要做的事情提前让孩子做，这样只会让孩子感到难以承受的压力。失去了这个年龄段应有的童真童趣，孩子就不能从生活中来体验生活、感悟生活，在成年以后，便会缺乏承受压力的能力。

四是缺乏正确的教育方式。现在家长对孩子的教育呈现出两极分化的态势，有些知识分子家庭和海归家庭，认为自己小时候上学比较苦，没有好好地享受童年，因此就对孩子大撒手。这往往导致孩子的学习成绩不好，有可能遭到某些老师的嫌弃。于是，孩子会想方设法地为了引起老师的注意而捣乱，或更加不好好学习来试图赢取老师对自己的重视。另一类贫苦的家庭，省吃俭用让孩子好好学习，为的就是能跳出贫苦境况过上好日子。这种家庭的孩子往往比同龄孩子早熟，且心理问题多表现得隐匿，可一旦爆发就有可能产生严重的后果。

此外，家长的过度关注也会造成孩子的心理问题比以往多的印象。现在家长获取信息的渠道越来越多，对孩子的关注度也在日益增加。例如，以前认为孩子不爱说话是内向，而现在，家长可能就会带孩子去看心理门诊，检查孩子是否患有抑郁症。

[分享]

良好的家庭环境是儿童健康成长的土壤，家长科学的教育态度是儿童心理健康的基本前提。

家长应该以平等的语言与孩子对话，当孩子出现问题时耐心倾听孩子的心声，接纳孩子成长过程中的不足，引导孩子进一步自我完善，允许孩子犯错并等待孩子有能力改正错误。

家长要管理好自己的情绪，为孩子营造一个和谐、民主、平等的家庭氛围。

## 由惧生到自由飞翔

依依说要到机场接张杰。

张杰？哪个张杰？那个快男张杰吗？

是的，就是他。

张杰在四进三的比赛中出局了，依依感到遗憾，我们也表示惋惜。据依依说，她的“星星”[①]同学中，有人看到这一不幸结局号啕大哭了一场。

依依通过“星星”北京分会得知张杰来京的消息后，准备参加到机场迎接张杰来京的活动。

我认为这是成长过程中的一个特殊的阶段，我支持依依去做她想做的事情。

但在她出发之前，我与她一起分析了可能会遇到的多种情况，如：像预期的一样，顺利见到张杰，并得到签名和合影；飞机延误，她可能要等很长时间；假如张杰临时取消北京之行或因天气的原因航班被取消，她恐怕见不到他；假如张杰准时到了，而粉丝太多，她有可能被踩伤，也许可能因为挤不到前排而看不到他，等等。

依依说：“老爸，我真没想这么多。”

“提前做好准备，遇到一些‘失望’的情况就更容易接受了。”

“明白。给我点钱打车。”依依说。

“打车单程大约需要 100 元，我给 200 元，回来也能打车了。午餐 50 元，合计 250。”

---

① 张杰的粉丝。

“加 10 块，260 吧，250 太难听了。”依依说。

“好的。钱可以给你，怎么花你再做决定。”

接着我又向依依介绍了机场大巴的行车路线、机场大巴车费 16 元和中午在什么地方可以用餐，等等。然后问：“你明白我的意思了吧？”

“当然坐大巴去了，省下的是我的吧？”

“没问题。总额给你，怎么花是你自己的事情。如果从家带两个馒头，50 块餐费也能省下来。”

依依呵呵地笑着：“我在家吃完饭再去机场。”

依依决定到机场，并不是一种疯狂的举动，她表现的也不如其他粉丝那般狂热，我认为她在体验一种其他方式的生活。我支持她在成长过程中有偶像，如同我们曾经学样板戏，唱《龙江颂》、《智取威虎山》、《红灯记》一样，只是时代不同，追星的方式也不同了。

看到依依现在的状态，对照前后三年来的变化，我深感欣慰，依依真是越来越活泼，越来越独立了。

在依依三年级时，即使与我们一起去超市买自己喜欢的东西，也因为胆小而不到收款台付款。

我问依依：“你不愿意付钱，有什么原因吗？”

依依对我说：“你看那个收银员说话大嗓门，多凶啊。”

“咱们是消费者，大家都不买东西，这店就关门了，收银员也就没饭吃了。消费者才是上帝。”

尽管我一再解释，依依还是拒绝自己付款。

于是，我决定采取行为治疗——系统脱敏法帮她解决这个问题，以达到目标：依依能够独立付款而不再害怕。

我首先取得了夫人的支持，然后把系统脱敏法向夫人做了详细说明，并把步骤一一向她解释，以便于我们两个联合起来解决依依的购物问题。每次购物巩固上一步的成果，推动下一步的进程。

第一步，在超市购物时，家长拎购物篮，让依依拿一件她喜欢吃的小食品。结账时，依依在前，家长在后，依依把自己的小食品放到收银台上。由家长结账。

第二步，两个购物篮，依依把自己需要的全部商品放在自己拎的篮中，送到收银台。依依在前，家长在后。由家长结账。

第三步，坚持依依挑选自己需要的东西并且放到收银台上。家长在前，依依在后。家长尽可能多带零钱，把与付款数额相同的钱数放到依依手中，只需要她把钱放在收银台上。此时家长收拾购买的商品。

第四步，重复第三步的内容，增加的难度是家长不再备零钱，需要依依等待收银员找零。

第五步，挑选完商品后，家长在收银台外等候，让依依独自完成购物付费过程。

一次，我们陪她一起去超市买学习用品，并坚持她独立去付款。她迈着沉重的脚步，走近收银员，当付款完成后，她飞快地跑到我们身边，物品也被丢落在收银台上。尽管她忐忑不安，但已经可以独立付款了。在我的鼓励下，她自己去取回了丢落的物品。

第六步，家长在外等候，让依依独自选择商品，独立付费，完成整个购物过程。

依依每一次都有进步，之后便可以独自去超市购物了。

经过长期对依依的用心引导和训练，她的人际交往能力有了长足的提高，并在班上成了非常受欢迎的人。

一天晚上，我们一家三口一起散步，我问依依的偶像是谁，她排序为：

男性：费德勒、潘玮柏、Rain、王铮亮、张杰；

女性：蔡依林、王心凌、辛吉斯、莎拉波娃、杉山爱；

我问她最亲爱的人的排序，她列出的名单是：爸爸、妈妈、姥姥以及七名同学。

小学毕业后，她组织小学同学外出、聚餐，并独自换乘地铁到游乐园和同学一起玩，等等。

初中阶段，她与几位好朋友组团一起到国外参观动漫；高中阶段和一位同学游香港。

依依的空间越来越大，她的独立能力得到了飞速发展。

[分享]

“系统脱敏法”就是通过一系列步骤，按照刺激强度由弱到强，由小到大，逐渐训练心理承受能力、忍耐力，增强适应力，从而达到最后对真实体验不再产生“过敏”反应，保持身心的正常状态，这种方法对于焦虑和恐惧具有较好的治疗效果。

在理论的指导下，对孩子进行引导和训练，方向就更明确。

有时家长采取的方法太过急躁，最终结果则是欲速则不达。给孩子一些时间，让孩子慢慢去体验。孩子的成长不是一蹴而就的事情，家长需要学会耐心等待。

## 传递礼仪信息，融入心理教育

依依从小学习游泳，她的游泳技术好得绝对可以担任我的教练。

一天，我与依依约好一起去游泳，在路上她与我聊起最近学校的盒饭越来越令人难以下咽。

提起吃饭，我突然想起来曾经与她聊过吃饭的礼仪话题。

曾问他们班上 46 名同学有多少人吃饭时咀嚼不出声的。

依依说："中午吃饭，教室里吃饭的响动很大，站在门外都能听出我们班吃饭的声音。特别是身边的几个男生，吧嗒吧嗒的让人不舒服。特别是还有同学问我：你怎么吃饭不张嘴啊？我着实被问晕了。"

我重复上次的话题。

依依说，她们五年级调班后，班上现有 44 人，经她观察抿嘴吃饭的人只有 4 个，其余同学吃饭咀嚼都会发出声音。依依在班上和同学聊天也说起过吃饭的基本礼仪，也有的同学试着做了几天，但还是觉得出声比较舒服，结果一到中午吃小饭桌，教室里吃饭的声音就怪怪的，依依有些不适，不过还能够忍受。

我已经有多年讲礼仪课的经验，于是充分利用在路上的时间，重点给依依讲解了用餐的基本礼仪规范，并一再强调不是每个家长都有这方面的知识，同学们一旦意识到需要提高自身修养时，完全可以集中时间学习和强化。

依依回答说："听着他们吃饭出声，我心里还是很不舒服的。"

"我也有这样的感受，是非常不舒服的感觉。"我开始给依依讲过去和朋友一起吃饭的经历。

记得有次到朋友家聚餐，吃饭时男主人像饿了几天似的，大口大口把饭送到嘴里，夹菜时在盘子中翻来翻去地挑他想吃的东西，嘴巴不停地“吧嗒吧嗒”出声。在他家中，我不能说什么，只好吃一两口就放下筷子了。女主人一再劝我多吃些，我只好找理由说正在控制体重。她非常欣赏地看着自己的先生，让我向他学习，说：“马健，你看他吃得多香。”我当时就无语了。

“对对对，就是那感觉。”依依说。

“其实，我是用自己的标准要求身边的人了，这可是我的问题。他们夫妻可能就认为吃饭出声是饭香的表现，也许小时候在家所得到的信息就是这样的。世界不能围着我个人转，我们都会遇到各种各样的人。”我说。

“可是，他们不懂吃饭的礼仪，难道我们也要和他们一样吗？”依依问。

“我们可以做自己想做的，也要允许别人与我们不同。否则，将可能受到限制。我那一对朋友，他们是非常善良和热情的人，如果遇到困难，我确信他们会尽心尽力来帮助我。只是在饭桌上的表现这方面，我与他们不同。我再给你讲个故事。”

一位礼仪学校的女老师找对象，好容易找到一位各方面条件都不错的男朋友，于是，两人相约去吃西餐。吃西餐的环境要求与中餐不同，特别安静。男士为了表示热情，大声喊了一声服务员点菜，再加上吃东西时狼吞虎咽，这位女老师对他有了看法，认为他在这种场合太失礼了。这顿饭成了最后的晚餐，女老师决定和他分手。

依依听完我简单的讲述，说：“礼仪多重要啊，他失去了一个女朋友。”

“女老师也失去了一位男朋友。几年后她反思自己，她是教礼仪课的，有几个人能够像她一样懂得那么多规矩呢。老爸经常教授礼仪课程，知道其中一些规范，所以从小对你也有一定的要求，你在综合素质方面会给自己加分的。但刚才的故事，我们还要从另一个角度来分析，又有多少人是礼仪老师呢？如果她喜欢那个男士，可以找个地方好好培训他。如果还是以自己的标准要求对方，男朋友就一个接一个地吹，到后来把自己剩到了三十多岁。”我说。

“那就成了必‘剩’客啦。”依依说。

“还好，她有反思自己的能力，不然有可能成为齐天大圣的。每个人都有不懂的知识，不能总拿用自己懂的与别人不明白的比较。其实我们也有太多太多不知道、不了解、不明白的内容呢。”

“老爸，我明白。一会儿游泳池见。我N：0胜您。”依依说。

“别用你的强项和我的弱项比噢。千万不能养成这样的习惯噢。”

依依读初中时，学校外请礼仪老师，对全体学生进行了礼仪规范的训练。

[分享]

许多事件都可引申出心理健康教育，点点滴滴信息的传递有利于提高孩子对社会和生活的认知能力，利于教孩子学会从多角度看待人和事。

家庭更关注孩子的智力发展，在饭店用餐即可发现许多家庭缺少对子女最基本的礼仪训练。建议家长将礼仪纳入日常教育之中。餐桌上有许多应注意的礼仪，而这些基本礼仪常被忽视。现简单介绍如下应注意的事项：

1．应等长者坐定后，方可入座。

2．入座后姿势端正，脚踏在本人座位下，不可任意伸直，手肘不得靠桌缘，或将手放在邻座椅背上。

3．用餐时须温文尔雅，从容安静，不能急躁。

4．口内有食物时，应避免说话。

5．取菜舀汤，应使用公筷公匙。

6．吃进口的东西，不能吐出来，如系滚烫的食物，可喝水或果汁冲凉。

7．好的吃相是食物就口，不可将口就食物。

8．如发现不洁食物、异味食物或盘中的菜肴有昆虫或碎石，不要大惊小怪，宜候侍者走近，轻声告知侍者更换。

……

# 卖废品与爱心传递

依依四年级了，她对许多事物都有了自己的态度和看法。

一天，依依问我：“老爸，咱家的空瓶子、旧报纸、过期的旧杂志，您为什么不让我卖给收废品的，换点散碎银两呢？”

“噢？你认为呢？”我问。

“您每次都把那些东西整理好后，丢在垃圾筒边上。那些东西不是能卖钱吗？”女儿继续问。

“对啊。”

“那为什么不让我卖掉呢？”

“你每天上下学的路上，看到有什么人在捡这些吗？”

“见过。以前好像都是穿着很破烂衣服的人，在垃圾筒里捡这些东西去卖。现在有一些穿得很干净的北京人也在捡这些了。”

“他们为什么捡这些？”

“换钱呗。”

“他们是不是很需要那些钱？”

“对啊。”

“我们是不是特别需要那些钱？”我问。

“不是特别需要，但总能换一点钱吧。”

“把那些东西给需要的人，就已经实现了它的价值。人的生活水平不同，收入也有很大的差异。虽然我们还不是很富有，但已经衣食无忧啦。而有人需要通过捡一些废品来弥补生活开支。我们把这些东西整理完后留给他们也算是做了件善事。你不这样认为吗？”

“老爸，您以前不是经常教育我勤俭节约吗？教育我开源节流吗？这不是前后矛盾吗？”

“勤俭节约也是相对的，如果我每天晚上去捡垃圾，你认为有这种必要吗？那不是和别人在抢饭吃吗？发挥自己的优势去开源才是出路啊，我把课讲好，多讲一些，收入总比捡垃圾强N倍吧。所以，给自己一个清晰的定位，我认为不是什么钱都要挣。如果我没有其他的收入来源，是可以考虑把这些废品卖掉的，现实是我们可以通过其他的劳动获得更高的回报，而那些捡垃圾的人可能是没有渠道或者能力不及，所以，把废品留给他们，让他们增加一点点的收入不是更好吗？”

“老爸，我明白。您说的这事和我们给灾区捐衣物是一个道理。”女儿说。

“哈哈，基本差不多吧。”

“那我们老师要求同学攒饮料瓶子换钱，而且告诉我们每次卖瓶子时把盖子拧下来单卖，卖废品的钱用做班费，这怎么办呢？”

“教委有规定不允许学校乱收费，另一方面老师也想让大家废物利用，换点班级活动经费。”

“可是我也想攒零花钱啊。”依依说。

“根据你的能力，想想可以做点什么能赚钱的事啊。你不是认为自己对网络还熟悉吗？那就帮我查资料，或者找一家网站，帮忙上传文章。当然，你也可以晚上去捡垃圾。”

“老爸！这太过分了。”依依大喊一声。

“哈哈，你晚上不会出去捡垃圾吧，做自己能够做的，做自己喜欢做的事情，做收益相对大的事情，才是快乐的，不是吗？”

“可是，您原来不是把家里穿不了的衣服都寄回老家去，现在怎么直接就打包放楼下了？”依依问。

“对，以前年年寄衣服，后来发现他们不穿，我仔细问过才知道原因。衣服不合适还需要找人改造，这也是额外的一笔费用。还有城乡差距，咱们认为在城市穿比较过时的衣服，老家人认为太新潮，穿不出门。结果是：我们用心把衣服寄回去，家里人却认为没什么用处。这几年我想帮助家里人，就给他们寄点钱过去，省事又直接。”

依依接受我的观点，她坚持着把自己不用的学习用品和不穿的衣物整理好放到楼下的垃圾筒旁边，让有需要的人取走。

[分享]

对孩子的教育要根据家庭的实际情况，尽可能让孩子从多种角度考虑问题。挣自己能挣的钱，大鱼吃小鱼，小鱼吃虾米，虾米吃淤泥，不必从头吃到尾，要选择适合自己的事物。

尽管孩子在读书期间没有劳动能力，家长也可根据孩子的年龄，在家庭中为他们创造力所能及的创收机会，让孩子通过自己的劳动获取一定的收益。

# 军训归来乐呵呵

依依六年级了，学校组织她们到北京郊区某部队进行军训。对于独生子女的家长们而言，这无疑是一个令人兴奋的消息。在与其他家长交流中，许多人表态说："尽快，尽快，尽快把她们送走，让她们吃点苦。赶紧，赶紧，赶紧让孩子与我们分开几天，让我们再过一回二人世界。"但仍然有几个家庭以各种理由，拒绝让孩子参加军训。比如孩子离开父母不能睡觉，孩子生活不能自理，孩子没吃过苦，等等。

依依很高兴地参加了学校组织的活动，夫人则与很多的家长一样，有太多的担心，比如伙食问题、训练的程度会不会太强，等等。

我却乐得清闲，对夫人大谈人活着没有吃不了的苦，只有享不了的福。而夫人还是对女儿交头接耳，一百个不放心，一千个嘱咐，一万个叮咛。

一周的时间很快就过去了，依依军训结束了。

许多家长早早地就到学校门口去迎接，景象如同当年群众迎接解放军进城般的壮观。有的家庭，一家三四口、五六口人齐刷刷地候着孩子的出现。真是个热闹的场面！看到孩子们下车，家长们蜂拥而上，巴不得赶紧领着孩子回家。

岳母也去接依依，但依依坚持自己背着大包拎着小包，与姥姥有说有笑地步行走回家。

进了家门，依依立即打开电视。姥姥迫不及待地给依依端来水果、零食，拉着依依的手说："出去一周，瘦了。"

"姥姥，我先看会儿电视，一会儿再和您聊天。一个礼拜看不到自己想看的电视，快把我憋疯了。”依依说。

我们进家门，依依也顾不上多说一句话，眼睛紧盯着电视屏幕。

依依吃饭都没离开电视，她看的节目终于结束了，她开始痛快地唱那首家喻户晓的韩国电视剧《大长今》的主题曲：“呜打啦，呜打啦……”

我听着歌词和电视中不同，问她：“你唱什么呢？”

依依诡秘地一笑，说：“老歌新唱。”然后继续唱起来，“呜打啦，呜打啦，阿猪好大。你是猪，他是猪，我们是猪。饭不够，菜不香，没有办法。给点菜，喝点水，没人管啦。吃饱啦，就睡啦，牙也不刷……”

我乐呵呵地说：“这是你们军训的成果吧。”

依依说：“军训时大家基本不洗脸，不刷牙，早早就睡啦。”接着依依讲了他们军训中许多有趣的故事。她突然话题一转说：“老爸，如果您去军训，一定没问题。您天天都在拉练。”

原来依依是指我常说的自己是个“暴走族”。在工作日，清晨7:30，我准时从家里出发，暴走35—40分钟到达办公室，做短时间休整后8：30准时上班，十年坚持下来，身体自然是很棒，因此被评为单位的健康标兵，体形也与体育教师有几分相似，尽管不是肌肉男，但每块肉都很结实，我也自豪地向别人炫耀，我的健康生活方式是：“每天两节体育课！！”

看来，我说过的许多话，都储存在孩子大脑中。

这也是家庭教育的一个环节。

[分享]

无论身处何种情境，都可选择要用负面或正面的态度回应。保持以乐观的心态看待一切事物更利于健康。

孩子能独立完成的任务，放手交与孩子处理。应相信孩子有能力面对生活中出现的一些问题。

现在家庭的“四二一”结构造成关注孩子的人太多，帮助孩子的人太多，剥夺孩子成长的人也很多。

家长以爱孩子的名义包办，替代孩子处理许多事务，实质却限制了孩子的发展，也阻碍了对其独立精神的培养。

家长多给孩子一些锻炼的机会和空间，孩子在未来才能飞得更远。

## “正面教育”拒绝了孩子

清晨，一进办公室就听到电话的铃声，是我的同学小艾的电话，她要和我谈谈十岁儿子小伟的事情。主要话题是孩子和她在沟通方面有些问题，她不明白怎么孩子小小年纪就不愿意听她讲话了。

我建议她以事例来说明问题，否则只是空对空。

她说小伟放学回家后特别高兴，进门就对小艾说：“妈妈，我们班小强特别羡慕我。”

小艾问：“小强羡慕你什么？”

小伟说：“他问我爸爸是干什么的，哪里毕业的。我告诉他说，爸爸是在北大读的本科、清华念的硕士、在美国拿的博士而且有两个博士学位,现在在清华大学做教授。我还告诉她妈妈您是北师大毕业的。”

小艾说：“就这些？”

小伟说：“对啊。小强说他特别羡慕我。他爸爸是开出租的，他妈妈在地铁工作，都没上过大学。他说他要是生在我们家，很多人会嫉妒他的。”

“小孩子比这些做什么？人与人都是平等的，没什么高低贵贱之分。”小艾打断小伟。

小伟立即抢过话来：“妈妈您又开始唠叨了！”接着一转身，小伟走了。

我一边听，一边对着话筒笑。

小艾说：“笑什么呢？我这里着急着呢。”

“我理解你告诉孩子人人平等是想给孩子最正面的教育，免得孩子对同学的家庭有歧视。而你的平等说法却否定了孩子的感受……”大约半小时的交流后，我们放下了电话。

晚上回到家中，依依的功课基本完成了。在她休息之际，我把小艾与小伟的对话讲给她听，并让她猜，假如我是小伟的妈妈，我将如何与小伟交流。

依依说：“老爸，以我对您的了解，您大概会这样对他说：‘小伟，小强羡慕爸爸妈妈受了高等教育，尤其是你爸爸是博士，并且现在在国内最著名的清华大学做教授，我们自己也为这些感到自豪。我相信你也为爸爸妈妈在学业上取得的成绩而骄傲。小强的父母没有读大学，可能有多种原因，比如读中学时，没有努力，或者学习方法不当，也许还有家庭的特殊原因。不同的职业对学历会有不同的要求，目前的大学，尤其是名牌大学的老师，必须要拥有博士学历，否则就没有资格站在讲台上。如果你希望将来从事某一种行业，妈妈也可以和你聊聊那种行业对于学历的要求。’”女儿绘声绘色地说着。

夫人在一旁笑着：“说话的口气和你爸越来越像了，真不愧是一对父女。”

我补充说：“孩子推测的这些话，和我想的八九不离十，基本意思是一样的。”

[分享]

在小艾的信念中，人与人是没有差别的，职业没有高低贵贱之分，孩子不应以家庭的优势沾沾自喜。而现状是孩子以父母为自豪和骄傲，家长应借其自豪感对小伟的个人学业目标做出引导。无论如何，协助孩子设定学习目标并为之努力，是件有益的事情。而小艾的一句“人人平等”，打击了孩子的自豪感。

虽然孩子炫耀自己的家庭背景，无论是家长的财力、权势，还是学历，但同时孩子也提出了相关的问题，家长应借势适度激发孩子内在的潜力，而不是简单地说教。

# 帮助别人即个人成长

初一寒假第一周，依依做好了时间安排，准备集中精力完成寒假作业。

四天刚过，她大约完成了二分之一的作业。我问她因何这么着急完成作业，她说班上的赵姓同学在放假前就已经突击了不少作业，她一定要超过他。另外，在春节那几天已经和初中、小学同学们约好看电影了。

几天后，女儿愉快地告诉我说："老爸，我的作业全部做完了，我差不多算是班上第一个完成作业的人。我已经问过好几个同学了，他们还都没写多少呢。还有个别同学想贿赂我，抄我的作业呢。"

"噢？都完成啦？还有人收买你？哈哈哈。"我说。

"我们这么好的学校不可能有那样的学生，她不是我们学校的，是小学上辅导班时认识的。她说遇到了一些难题，不想动脑子，跪求抄我的作业。"依依自豪地说。

"她越不想动脑子，越不练习，成绩就会越差，你说是吗？"我开始调整谈话方面，有意引导孩子帮助别人而不是让同学抄她的作业。

"对啊，那个同学平时也不动脑子做难题。在学校遇到不会的，就借别人的作业抄，回家也经常打电话给同学问答案。"她轻描淡写地说着，可见她对这位同学很了解。

"同学之间相互支持和帮助当然是件好事了。只要完成作业了，开学就不会被批评。假如你是那位同学的最最要好的唯一的朋友，你会选择让她抄你的作业，还是协助她解决功课上的问题，共同进步？”

“当然我会选后者，这还用说。”依依回答。

“假如你是那位同学，你可能抄别人的作业吗？”

“我不可能抄别人的作业，我有能力完成作业。”依依自豪中带着自信的神态。

“我说假如是你，我们虚拟一下。”我略带一点点的严肃。

“那我是不会的，越抄别人的作业，自己越不会做。越不会做，越不想做。越不想做，成绩越差。成绩越差，老师和家长越不喜欢，那我还不就 OVER 了？”

“对啊，己所不欲……”

“勿施于人。”依依接过话茬，并摇晃着她的头，一只手做了个捋胡须的动作。

“然也！！！所以，你还想让别人抄你作业么？”我进一步问她。

“那她找我借作业怎么办？不借她会不会说我太小气了？毕竟我们也做过同学。”女儿回应。

“咱们考虑一下，如何做到两全其美，既帮助了同学，又不伤害她。”我信任地看着女儿。

一分钟后，她说：“那我只能牺牲自己的宝贵时间，给她讲题了。”

“这是一种很好的帮助同学的方法，你给同学讲一遍，比自己做五遍的记忆还要深刻，帮助别人的同时，也帮助了自己。我曾有过这种体会，讲一次课就能记住特别多的知识，如果仅仅是自己看书，印象并不深刻。以后试着多做同学的老师，相信你也会有更大的收获。”我说。

“我和她约个时间，集中半天的时间，给她讲讲难题。”依依说。

就这样，我与女儿达成一致态度。我更希望她在帮助别人的同时也提升自己的学习能力。

[分享]

初中的孩子在认知上知道什么样的行为是正确的，家长简单地告诉孩子应该怎么做，已经远远不够了，孩子可能仅因为考虑问题不周全或者处理问题时考虑个人面子过多而草率行事。

在家庭教育中，角色扮演是一种非常好的方法。让孩子在角色中体验他人的感受，学会正确解决问题的态度和方法。

## 情商训练，表达内心

高情商的人在社会生活中更自由而且非常受欢迎。所以对孩子的情商训练与对其智商的培养同等重要。

依依在班上是个小领导。马上快期末考试了，她受老师委托给同学的家长打个电话交流一下，请同学家长重视自己孩子的学习成绩。

依依感觉给同学家长打电话谈学习是件力不能及的事情，即便拿起电话来，硬着头皮也不知如何与同学的家长沟通。于是，她问我应该如何处理这件事。

“我猜想，可能老师自己有别的更重要的事办，才委派得力的学生来做这件事情；也许老师多次和那位同学的家长交流过，但没有起色，希望借班上骨干力量多角度多层次与家长沟通，督促那位同学学习；或者老师只是顺口一说，而你当真了；也没准是你听错了……但无论如何，你现在想怎么办？”

依依回答：“我肯定不想打这电话。”

“明天怎么向老师交代？”

“我正头疼这事明天怎么回复老师呢。”依依说。

“我大脑中冒出来三个解决办法，你听听哪个合适：第一，编瞎话，告诉老师咱家来客人了，影响了你写作业的进度，当你写完的时候，已经快12点了。由于时间太晚，不方便再与同学家长联系。”

“这主意好，我明天这样说。”依依迫不及待地说。

“如果明天老师要求你继续打电话，怎么办？”

“晕死！看来这招不行。第二种方式呢？”

“直接告诉老师这不是你分内的事情，与学生家长联系是老师的事情。直接拒绝老师提出这样的要求。”

“这，这不好吧。”依依说。

“如果你这样说，老师还会不会再给你出类似的难题了？”

“那肯定再也不会啦！”

“这样是不是一口回绝了老师，让老师知道以后不是你分内的事情不要找你？”

“对啊！”依依说。

“其中的不足之处，就是你所说的‘这不好吧’，这种方法也伤了你和老师的关系，是吗？”

“对、对、对、对、对……可是，我明天怎么见老师啊。”依依一口气说出了几个“对”。

“第三招，告诉老师你很想完成老师布置的任务，但考虑到自己的身份，是个晚辈年龄又小，与同学家长打电话要求家长重视孩子学业，督促管理孩子学习，可能会令家长不满意，对老师也会有负面的影响，也有可能影响你与同学之间的关系，这件事情你处理起来很为难，希望老师能理解你。你看这样可以吗？”

“这样说很好啊，原来最合适的方法您放最后面了。我明天就这样回复老师。既不得罪同学，对老师也有交代，自己也能解脱。这种方法好。”依依一下子乐了。

我说：“今天我们做了一次情商选择题的测试，你选对了。”

“这就是情商了？”

“你以为呢？这是情商的一项，生活中有许多我们不愿意做的事情，用恰当的方法拒绝别人的要求，就需要调动你的高情商，同时也节省了自己的时间。”

“老爸，您再出几道题，我感觉挺有意思啊。”

我翻出一本关于情商测试的书，说道：“美女，请听题：有几个朋友打算外出度假一周，请你在此期间帮忙照顾他们的宠物。可是你不喜欢宠物。对此，你会怎么办？

A. 表示你很愿意帮忙，但是提醒他们你对动物的看法。

B. 一番抱怨之后，表示自己会照顾朋友的宠物。

C. 表示你曾给自己立下规定，不会喂养、照顾宠物，在此规定面前你对所有的朋友都一视同仁。你选哪个？”

“A”依依回答。

“首先排除了B，恭喜你！ B是令人最不快乐的事情。A表示愿意帮忙，仅仅提醒对方自己的态度是不够的，但比B有进步。而C的态度非常明确。学会拒绝是人生的重要课题，不然就成了郭冬临小品中那句口头禅——”

“有事您说话！”依依抢一句，“老爸下一道题，快。”

“一个调查问题问你，你觉得人们为什么愿意和你保持朋友关系。对此，你会如何反应？

A. 表示他们喜欢你，是因为你喜欢他们。

B. 表示他们喜欢你，是因为你是一个很真诚、不会矫揉造作的人。

C. 表示他们喜欢你，是因为他们一直都是你的朋友。”

“当然是B了。”依依回答。

“最好的选择。”我回答。

……

[分享]

“成功 =20%IQ+80%EQ”这个著名的公式，特别强调了情商的重要性。

情商主要是指人在情绪、情感、意志、耐受挫折等方面的品质。情商先天差异不明显，后天培养起决定作用。情商主要包括五个方面内容：

1. 认识自身的情绪。只有认识自己，才能成为自己的主人。

2. 妥善管理自己的情绪，即能调控自己的情绪。

3. 自我激励。它能够使人走出生命中的低潮，重新出发。

4. 识别他人的情绪。这是与人正常交往、实现顺利沟通的基础。

5. 人际关系的管理，即领导和管理能力。

而家长只要有意识地将情商知识与生活中的具体事例结合，对孩子进行情商方面的培养和训练，便会令孩子受益终生。

# 家庭成长，寒假课堂

北京市中小学生寒假的第一天，家长除了为孩子报班补习功课外，还有无人可替代的家长需为孩子上的课程：引导孩子维护人际关系以及示范感恩。

放假前，依依的班主任老师很注重同学们情商（EQ）的教育。他要求同学们每人写出十个为自己提供过帮助并关系很好的同学的名字，然后在班上请同学唱票，最后列出得票数最多的十位同学，依依是其中一位。

班主任问同学们："为什么有同学得票很多，有的得票少，有的一票没有？"

同学们回答：友谊是相互的；你帮助了别人才能获得别人的好感等等。

老师总结说："你帮助了别人，别人才可能会为你提供帮助。如果你从来不帮助别人，在你需要别人帮助的时候，谁会帮助你呢？"

依依和我讲述了班主任的做法之后，我非常赞成他的方法，更祝贺依依能在班上名列十佳，也深知她是个人缘很好、不自私的人。

放假了，我问依依是否和小学的同学还保持着密切的联系，并顺口说出几个她小学时常挂在嘴上的同学的名字，比如：在北京师范大学实验中学读书的王XX、有美术特长的李XX、经常一起玩耍的张XX……

依依说一直有她们的消息，已经约好假期和他们聚会了。

我提示依依说："随着小升初，许多之前的同学和朋友因为学习紧张和住所的分散，大家联系少了，也可能随时间的推移逐渐淡忘老朋友，尤其是许多像咱家这样的读书移民，联系方式变更迅速也是原因之一。同学间如果中断联系一段时间，以后就更不方便联系了。世间特别值得珍惜的两种人际关系是同学关系和战友关系。有时我听一些老年人讲他们小学同学聚会了、初中同学聚会了、高中同学聚会了、大学同学聚会了，这说明同学情谊地久天长。我最好的朋友也是同学，大家在一起时间长而且没有任何功利心，在人生舞台上，大家在同学关系中都是本色出演自己。”

依依说：“老爸，我和小学的好朋友每周会通个电话，彼此交流学校情况，也经常发发短信，我们在网上也会聊聊天。”

“心理学特别强调社会支持系统，而你的朋友就是你的社会支持系统中重要的一部分，建立了自己的圈子，生活会更精彩。”

“老爸，我懂。”依依说。

都说现在的孩子不懂感恩，一家人为他们所做的事情他认为是理所应当的。而假期正是家长发挥示范作用，为孩子拥有一颗感恩的心做表率的时候。

有手机的孩子们喜欢发短信，就像有些同事之间本来说句话就能把事都说清楚，但却一定要在 MSN 或 QQ 上打字说事一样。选择孩子喜欢的方式示范，比简单的说教要有效。

依依对这次期末成绩比较满意，除了她个人的努力外，与老师的指导教育密不可分。

于是，我将中午刚刚在办公室发给依依班主任老师的短信，转发给在家休息的女儿，内容是：“X 老师，您好！感谢您对马泽的教育和关注。她在许多方面都有进步的表现，谢谢您对她的帮助。祝您假期愉快！预祝您及家人春节快乐，身体健康。”落款“马泽的家长马健”。

依依看到这个短信后，回复我“……”省略号，表示不知从何说起。

她可能认为我发错了。

我立即回复她："宝贝儿，你还有哪位老师的手机号码？我想一一感谢老师。你省略号回复老爸，对我的做法有什么想法吗？"事实上，我存有其他十几位老师的号码，只是想起个抛砖引玉的作用，余下的事情由依依自己去做。

依依回复短信说："没有啊……只是觉得您见多识广，想得比我周到……"

我再回复："这马屁拍的，让我感觉很舒服噢。一个高手要出世了。"

女儿回复："呵呵呵，有其父必有其女再次得到验证。"

接着，依依分别给老师们发短信表达感谢和祝福春节。

晚上到家，夫人说她的同事张老师打电话给她，张老师在太原妹妹家中，妹妹无意间聊天说起上半年听过我的一次家庭教育课程很受启发，特别强调了妹妹的孩子在新道街小学读书。张老师感叹世界真小，在电话中替她妹妹对我大加赞扬，并在网上搜到了我写的关于那次讲座感受的博客文章。

依依听完，键入几个关键词一查，果然发现我的博客。依依喊了一声："老爸老妈，我把这篇小文章给你们念一下。"

夫人说："声音大点。"

依依念道：

> 感谢太原市新道街领导和小学一年级家长。
>
> 我应邀到太原市新道街小学，这所山西省名校，做《亲职教育和家庭成长》的讲座，感谢校领导提供了我与家长交流的机会。
>
> 今天上午，太原的气温略微低一些，当我进入报告厅

的时候，感觉到一丝凉意。600 多个小学的小坐椅上，坐着那些习惯于在家坐沙发，在单位做软椅的家长们。

讲座持续了 1 小时 45 分钟，在讲座过程中，家长认真地记录笔记，安静地倾听，坦率真诚地回应提问，随着课堂内容爆发出会心的笑声或陷入深思。

谢谢全体家长朋友，由于大家的投入，我才有机会与大家一起分享心中对家庭教育和家庭成长的理解。由于有了大家的支持，我才有热情讲解更多更实用更可操作的家庭教育知识和内容。

依依念完，说："老爸，你是老师，外出去讲课，还要感谢学员啊。"

"如果没有人听课，讲课还有什么意义？教学是双方的，有了学员才有了老师，当然要感谢家长们前来听讲。你懂的[①]。"我说。

"我懂的。"依依说。

几年后，依依读高二了，因文理分科，学校重新编班，依依离开了原来的班，但当她听说高一的班主任身体不适休假的消息时，马上发短信问候班主任，盼望班主任早日康复。

[分享]

与其抱怨独生子女如何孤独和他们的"小皇帝"心态，不如引导孩子向对自己有支持和帮助的人表达感恩之情，保持和维护良好的人际关系。当家长将方式和方法具体化并做说明后，孩子会紧跟着循序渐进地向前走。

感恩是一种生活态度，缺少感恩之心必然影响到人际交往，感恩可以先从身边的人开始：父母、老师、同学、朋友，然后再到陌生人以及万事万物。

人生就像照镜子，你笑，它也笑；你哭，它跟着哭。有了感恩之心和阳光心态，人生就变得快乐和幸福。如果每天被抱怨和不满所笼罩，心灵将变得阴冷和灰暗。

① 流行用语。

## 换个角度看待他人

住在王府井旁边，满目琳琅，珠光宝气尽收眼底，随时可感受时尚前沿和高端消费。

晚饭过后，与夫人、孩子沿王府井商业街散步，看到不同年龄的人们拎着大包小包的物品，感受到人们消费态度的差距。

看到橱窗内的商品，我随口问依依："假如男老祖[①]送女老祖一对耳环和一条项链，你猜女老祖会怎么说？"

"我估计她会说'你又安什么心啦？做错什么事啦？有什么要求我的？'"依依回答。

"假如是姥爷送给姥姥呢？"我问。

依依说："姥姥会说'又乱花钱，我都什么年纪的人了还戴这玩意儿？给你闺女吧。'"

"如果是我买给妈妈呢？"

"妈妈会马上找个特大个的镜子，戴上找找感觉。"女儿说。

"我有那么不开眼吗？哼！如果你爸给你买呢？"夫人一边笑一边说。

"这还用说，感谢先。然后激动地告诉老爸我还看中了另一款大个钻石的。"依依说。

"我可记住了，原来你想要我买一送一。"虽然表面看来这是随便聊天，却表现了不同年龄人士对同一事物的不同态度。

我们走到西餐店门前，我再问依依："假如我邀请女老祖来这里

① 夫人的姥爷。

吃饭，她会怎么说？”

依依带着颤音，模仿着老年人说话的语气说：“我不去，我不去！我不习惯吃那玩意儿。咱在家吃吧，我给你们炖牛肉吃。”

“假如我请姥姥来吃饭呢？”

“姥姥吃完后一擦嘴，可能会说：‘这牛扒，还没我炖的羊蝎子好吃呢，下礼拜我给你们炖一大锅，比这儿还便宜。’”依依绘声绘色地说。

“如果我请妈妈来吃呢？”

女儿轻松地说：“妈妈先找衣服后化妆，还得说句‘半小时后咱们出发’。”

我哈哈笑着，再问：“如果请你呢？”

女儿丝毫不含糊，急切地说：“在哪儿，在哪儿吃啊？还等谁呢？咱走吧。”

“这绝对是你的态度。”夫人说。

依依将四代人的生活态度和消费观念看得真真切切，这也说明她对不同的人有了深刻的认识。

“依依，老爸和你聊这些，有特别明确的目的。昨天录的节目，就是因为彼此之间的不理解而令双方产生了许多误会。”我说。

“什么误会？”夫人问。

“一位北京的阿姨，女儿嫁给了来自吉林的小伙子。二人婚后生了儿子，交给娘家妈看管。孩子已经快两岁了，男方的母亲从没来看过孙子。这位阿姨对亲家母很有意见。”

“如果是我，也会有意见。辛辛苦苦带孩子，亲家不露面，也太不对了。”夫人说。

“你是站在北京阿姨的角度看问题。她也是这样认为的。我还没讲完呢。”我说，“录制现场，我了解到这位婆婆家在吉林农村，可能同北京之间存在城乡差异。于是我从她的角度考虑其两年没来看孙子的原因。我问：‘儿子找个北京的媳妇是不是挺高兴的？’她回答：‘是的。’再问：‘是否认为孩子找个北京姑娘结婚是件特别体面的事情，村里人都知道吧？’她回答‘嗯’。我继续问：‘当知道添孙子了，是不是挺高兴的？’她点点头。‘想不想看看孙子？’她回答一个字‘想’。”

“想还不行动。我看不是真想看孙子。”夫人说。

依依说：“听老爸讲完，老爸肯定知道她不看孙子的原因。”

“我感觉这位婆婆不是太爱讲话的人，更需要引导她说出原因，让亲家理解她。于是我问：‘想看孙子但一些顾虑却阻挡了你的行动，是不是有些担心不知如何与亲家相处，不知道北京人的生活规矩，咱也把握不好拿什么东西带多少钱过来合适？’‘嗯，是这么回事。’我继续说：‘就是被这样的顾虑拖累着，孙子的满月过了，一转眼百岁也过了，一周岁也过了，您却迟迟没来看孙子，时间越久越感觉再来更不合适了，我不知道您是不是这样的想法？’她说：‘就是这样。’即使咱在北京生活，不是也有这样的情况发生嘛。明明知道那人是邻居，第一次见面没说话，第二次也就不吱声了，彼此拿对方都当陌生人对待。乘坐电梯上下楼几年，谁和谁也不打招呼，这样的情况可不少见。只要有一个人主动打个招呼，我们讲课时称这为“破冰”，之后僵局就被打破了。”

“老爸跑题了，后来那两位亲家怎么样了？”依依问。

“我们不是找到婆婆不来看孙子的原因了嘛。你们认为那位婆婆是不懂礼数还是因为担心才没来呢？”我问。

“当然是有顾虑了，她有点害怕。”依依说。

“我们已经从他人的角度去理解别人的行为了。如果当时娘家妈理解了亲家的顾虑，主动给她打个电话，邀请她来北京给孙子过满月，也就不会僵持两年了。我估计这两年间，她也不痛快，一想这事就感觉窝火。”我说。

“所以，理解万岁啊。”依依说。

“明白老爸为什么问你妈妈、姥姥和老祖对同样的事情的态度了吧。你能站在另一角度去理解别人，这一点太重要了。你很有潜力将来从事社会工作和心理工作啊。”我说。

[分享]

理解他人，换位思考，以同理心识别、理解其他人的情绪，站在对方的角度和立场看问题，“把自己当成别人，把别人当成自己”，替别人着想，理解别人的想法、感受，这样能够化解很多人际矛盾，便于解决人与人之间的很多冲突。

## 定目标——给青春期女儿的第二封信

今天是女儿的生日，她14岁了。清晨，我先给她写一封短信祝贺，内容如下：

亲爱的女儿：

今天是你14岁的生日，亲爹和亲娘祝你生日快乐！

14年前的今天清晨，我们将你带到这个世界，给了你生命，你也给了我们二次成长的机会。你的出现就像一面镜子，照出我们内心的一切，启发我们学会爱和责任，教我们学会感恩。

与你相处的14年中，我们在为你提供帮助和支持的同时，自己获得了更多的快乐。你一再说，做我们的女儿是你的荣幸，我们也以你为骄傲和自豪。从你的语言和行为中，我们时常可以听到、看到自己的言行。教育的目的是让孩子成为快乐的人，我们的目的基本达到了。

亲爹和亲娘相信你每一天都会有进步，祝愿你实现梦想，愿你的生活精彩而美好！

晚上回家，你会有意外的惊喜。

不过，上课时，可不要分神去猜噢。

爱你的亲爹亲娘

晚上回家，一家人热热闹闹地吃过生日蛋糕，夫人拿出一个精美的小盒子，说："给宝贝儿的生日礼物！"

女儿高兴地说："谢谢亲娘！亲爹，您的呢？"

"一份神秘礼物，要等到休息日再送。"我说。

"物质的还是精神的？"依依问。

"精神的，绝对值大价钱，超值享受。"

休息日到了，我可与依依慢慢地聊聊天而不必受上学和上班时间的局限。这也是我送给依依 14 岁生日的精神礼物。

尽管依依尚有自觉主动学习和良好的卫生习惯，在人际关系方面也有不错的表现，我想与女儿进一步谈谈有效目标的设定话题。

上午十点钟，CD 机里播放着阿兰悠扬的歌声，明媚的阳光照进房间，一家人正在吃"早饭"，只有在假期中可以享受这种慵懒的休闲生活。

夫人在餐桌上传着同事的话："张老师说，你上课思维敏捷，课堂的效率很高，老师留的作业在课堂上就完成了，而且正确率极高。课堂小测验也不错。张老师特意来办公室找我，当着那么多同事的面表扬你一番，令人羡慕不已呀。"

依依的脸上浮现出愉快的笑容，紧紧握着拳头，用力下拉，做了一个"YEAH"的动作。

我说道："一分耕耘，一分收获。你设定的目标，已经达到了。"

依依说："还不是老爸教导有方，如果还是像以前那样设定一些含糊的目标，我没日子能实现了。"

我乐呵呵地说："尝到甜头了吧，设定目标是有学问的。"

"什么学问？大家说出来我学学。"依依插话说。

我解释道："我们经常听到人们这样确定目标：我要早起床、我一定要锻炼身体、我要努力学习取得好成绩、我要认真听讲积极回答问题、我要与同学友好相处。这些都是泛泛的目标，我要追问：几点算是早起床？什么时间做什么活动才是锻炼身体？如何努力学习什么样的成绩才是好成绩？认真听讲到什么程度？怎样做才算是积极回答问题？和哪个同学友好相处？怎样友好？还有人喜欢这样设定目标：我考试不紧张，我上课不睡觉、不搞小动作，不与父母顶嘴……这是使用否定的概念确定目标，而事实上，否定就是强化否定的内容。我们现在做个小游戏，体验一下。”

“好啊，好啊。”依依高兴地说。

我接着说：“闭上眼睛，跟着我的语言，我怎么说你们怎么想，我不让想的就不能想。可以想象清晨公鸡迎着朝阳打鸣的情景，但不可以想小白兔吃胡萝卜的可爱样子；你们可以想象可爱的熊猫吃竹子，但不可以想象大老虎的威武；你们可以想象阳光明媚的春光中我们一家人在北海公园划船嬉戏，不可以想象那次正巧下雨被雨水淋透衣服的悲惨经历。现在请睁开眼睛，让你们想象的，是不是在大脑中出现画面了？而不让你们想象的你们感觉如何，想还是没想呢？”

“想了，想了。”依依点头，她对着妈妈说：“我控制不住不想。妈，你想了没有？”

“我也控制不住不去想。”夫人说。

“怎样？否定与肯定带来相同的感受吧。看来否定是没有意义的。生活中也有这样的实例，当我们刚刚学会骑自行车上路的时候，看到旁边有人，特别提醒自己，反复强调‘别撞他，别撞他’，结果怎么样？”

“撞了。”依依笑着说。

“我也有相同的经历。”我说。

“老爸，那如何设定目标呢？”依依问。

“设定目标不能太泛化，要使用肯定句，还要注意具体化，说出 WHEN、HOW、WHO、WHOM。”我接着说，“还有一些内容，咱边写边说。最近讲课总讲到有效目标设定包含的因素，这一段我是非常熟悉的。”我对着夫人说：“当家的，笔墨伺候着。”

夫人取来纸和笔。

我边写边说：“有效的目标，应该具体包含七个要素，即 PE-SMART，这是七要素单词首字母缩写。P 即 Positively phrased，指积极的正面的语言描述。E 即 Ecologically sound，指符合整体的平衡。S 即 Specific，指目标要清晰、明确。M 即 Measurable，指目标要量化。A 即 Achievable，指目标要通过努力可以实现。R 即 Rewarding，指目标要和学习有相关性。T 即 Time-frame set 指目标要有时限性，要在规定的时间内完成，时间一到，就要看结果。”

女儿说：“老爸，原来设定一个目标还有这么多的学问呢，您可真是大学问家了。”

我眉毛一挑：“书中自有黄金屋，书中自有颜如玉。我也是从书中学到的，只不过在合适的时候，能够用自己的语言把内容说出来罢了。老朽还需要多学习，多进步啊。”说完，我做了一个捋胡须的假动作。

夫人在一旁说：“您就装吧！”

一家人哈哈大笑。

很快中考临近了，依依带回一份中考统招录取分数线的小册子。打开一看，上面全是密密麻麻的小字，详细介绍了北京各高中和职高上一年的录取分数线。

我首先查找东城区两所名校：二中，实验班 535 分，英语实验班 540 分，择校 532 分；五中，普通班 527 分，英语实验班 528 分，择校 525 分。

之后再看其他名校的录取分：四中，普通班 543 分，择校 542 分；北师大实验中学，普通班 542 分，择校 539 分；师大二附中，普通班 536 分；人大附中，普通班 550 分。

然后我再看录取分数更低的学校：XX 校，146 分；XXX 校 121 分……

看完后，我问依依："你想考哪所学校？"

"本校啊。"

我说："就考 XXX 校吧，121 分就能录取。"

"还有个 13 分就录取的学校，老爸怎么不说让我考那所学校啊。"

我说："我认为那是印错了，我刚才也看到那个录取分数线 13 分的学校了，是金融事务专业，我估计那是收 130 分的学生。去年要考 530 多分才能进你们学校，每年根据考试题目难易程度不同，分数会有些上下浮动，一般不会太大。分数目标基本明确了，余下的时间和精力就要为了实现目标而努力啦。"

"老爸放心吧，我有信心有能力考个满意的分数，不就是五百多分吗？"孩子说。

"好！那就自己设定一个有效目标吧。"

[分享]

俗语道："有志之人立长志，无志之人常立志"。此志向与目标一致。但设定有效目标不仅要立长志，更要细化和分解。

设定有效目标的步骤：

第一，将有效目标具体化，以文字形式表达出来，并经常想象实现目标后的结果。

第二，确定完成目标的日期。

第三，列出实现目标后将获得的所有益处。

第四，列出实现目标过程中将可能遇到的障碍。

第五，列出实现目标所需要的一切外在物质条件和人力资源。

第六，写出具体的行动措施，并据此考核。

## 做好时间管理

许多孩子，喜欢将自己喜欢的音乐设置成手机短信铃声，听起来非常悦耳。一旦听到短信，就立即变成拇指英雄。还有一些人出现手机综合征，短时间内听不到手机铃声总是首先怀疑手机是否出了故障。

事实上，垃圾短信非常多，而有用的短信可以集中处理。如果有急事，对方早就电话不断了，还会发短信浪费时间？将手机短信设置为无声，这样就可处于免受打扰状态，能够相对专注地在一段集中的时间内处理重要的事情。

我们在每天的生活中，尤其是在工作岗位上的时候，常感觉一天下来没有做什么事情，计划安排得好好的，但总是不停地被同事、推销的、拉广告的、卖保险的、上级领导、下属等所影响，而不得不终止手头的工作，工作效率很低。

做一件事情，往往是需要整块的时间。例如，写一篇文章需要 2 个小时，假如将 2 个小时拆分成每天 20 分钟，一周下来，140 分钟计 2 个多小时，大多数人是写不完的，这是因为思路被不相关的内容打断，而且每天的 20 分钟还需要回顾、进入情景，有时也会被找东西等事情影响。所以，生活中的许多事情已经证明管理好自己的时间是件重要的工作。

成年人尚且如此，孩子们在时间管理方面更显不足。于是，我和依依约定了一个半小时免打扰的时间，和她交流时间管理的内容。

我首先画了坐标轴，并在 Y 轴两端写上重要、不重要，在 X 轴两端注明：紧急、不紧急，接着我请依依为这四个象限的内容命名。

依依说："1. 重要而紧急；2. 重要不紧急；3. 不重要也不紧急；4. 不重要而紧急。"

我请依依列举生活和学习的事件，并将它们分别添加到四个象限中。

她列出的内容是：

1. 重要而紧急——月考、作业；

2. 重要不紧急——健康；

3. 不重要也不紧急——上网看动漫；

4. 不重要而紧急——电话广告、诈骗电话。

我解释说："你刚刚简单列出了一些事件，还有更多的内容没列出来。把自己的时间管理好，不是要把所有事情都做完，而是如何有效地运用有限的时间做重要的事情，做应该做的事情，并把不应该做的事情放弃。时间管理就是用技巧、技术和工具高效地完成工作，实现目标。时间管理最重要的功能是，通过事先做规划，使之成为一种提醒与指引。"

依依说："时间就是金钱，花自己的钱做自己想做的事。"

"你做道乘法题：60 × 60 × 24 等于多少？"

"86400。"依依说。

"假如每天有人往你的银行户头里存入 86400 元，要求你当日必须花完，逾期作废，你会怎么花？"

"买自己想要的，买让自己高兴的，买自己有用的。"

"肯定没人每天给钱，但每天会有 86400 秒时间被自动存入你的生命户头中，怎么使用这些时间取决于你自己。有的同学晚上 12 点做不完功课，一方面有作业较多的因素，还有另一个重要原因是时间管理有问题。比如抓不住重点，不按优先顺序做事；拖拉成风；不会拒绝别人的无端请求等，都会将自己的时间白白浪费掉。时间管理应坚持要事第一的原则，即重要的事情放在第一位。”

除了给依依讲解这些内容，教她将所有事件分为四种类型外，我还与依依讨论了什么才是生命中的要事。比如锻炼身体，虽不是紧急的，但是重要的。如果今天、明天不注意锻炼，到后来这可能就转化成紧急而重要的事件了。

通过聆听我对这些内容的介绍，依依意识到了时间管理的重要性。当我们都在家休息时，我会首先告诉她当天要做的事情，一二三列出清单，然后开始高效做事。

第二天晚上，因为与出版社的编辑谈书稿事宜，我 11 点钟才进家门，看到桌上有依依写的纸条：

爹地：

俺要借书！！

《世界上最经典的 200 道心理测试》。

俺向同学普及一下……

不过请放心，俺已经交代好俺同学了，绝不会毁书的！

俺让她戴着手套看，戴手套之前用消毒液洗手！！

所以，请您放心吧……

鉴于您 9 点多还没回来，特留此条。以示重视。

那俺就放心把书塞书包里了……俺这也算是为心理事业做出了自己的一份力量 ^—^，不用表扬我，真不用……

俺也算是给您留条了，不算私自拿书吧！

俺留的不是条，是寂寞！（允许俺非主流一次吧！）

俺滴时间管理好了，睡觉觉去了。

[分享]

孩子在假期中自由度更大一些，如果能有效地管理好时间，将能过一个愉快而充实的假期。

孩子在假期中可能做的事情有：作业、预习、看电视、听音乐、外出、与同学聊天、接听电话、发送短信、看电影话剧，等等。电脑中有 OUTLOOK 这个软件，如果使用电脑不方便，可以给孩子买一本记事本，一般而言，记事本每半小时一条线，指导孩子按时间写出计划的事件，并按重要性排序。

比如 8:30—10:00 做功课，此时短信是紧急（听到铃声）但并不重要的事件，可以在 10：00 之后统一浏览短信，并集中回复。为了避免被干扰，可将短信铃声调为静音状态。在孩子做功课时，如果家中来了重要客人，这是紧急而重要的事件，在孩子功课暂告一段落时，可引导孩子与客人打招呼交流，但要注意时间不宜太久，否则孩子的计划就不能得以正常执行。

告诉孩子去别的同学家前要预约，不可贸然前往，一方面可能会扑空，白跑一趟浪费时间，另一方面也可能影响别人的计划，这也是很不礼貌的。这样对待其他同学，同学也会养成来访前事先预约的习惯。

晚上家长要检查孩子计划完成的情况。第一周，如果制订计划合理并完成情况良好，建议家长奖励孩子，以利于其固化这种行为。为了促进其按计划做事，可将其计划张贴在客厅等重要位置，要求孩子签名，以示正式。

注意提醒孩子做计划时不能将时间安排得太紧，应留出应变时间。建议非毕业班的初中学生安排的学习时间最好不要超过 6 个小时，以留出休息和锻炼的时间。每周也可以空出两三个半天作为与同学交流、探望老师、外出看电影等活动的时间。

有条件的家长可陪读小学的孩子到书店或图书馆，让孩子感受书的世界、书的海洋、读书的氛围。

# 思考问题的坏习惯

依依的高一寒假即将结束，同学们尽情享受最后的疯狂。大家相约着去看电影和购物，手机铃声不断。

我正在备一堂关于自我觉察的课程，查看的资料内容正好与我和朋友李博士之间发生的手机事件相近，于是我放下手中的资料问依依："有一道心理选择题，要不要试试？"

"嗯。"依依应声。

我说："你把一个朋友看做是你的密友。但是对方在毫无明显理由的情况下，突然与你断绝了所有的联系。你为此感到迷惑，打电话、写信给对方，但是都没有得到回应。对此，你会如何反应？

A. 自我辩解，认为真正的朋友之间一定会重新取得联系，然后等待这一切的发生。

B. 继续写信、打电话给对方，追问事情的缘由，并表示自己对没有收到回应感到非常气愤。

C. 联系一些你们共同的朋友，试图从中了解事情的原因。"

"我选 C。联系不到他本人，看看朋友们有没有他的消息。"依依说。

"我最近真遇到一件类似的事情，A、B、C 三种方式都用过一部分。B 中的继续打电话，C 中的找共同的朋友了解情况，A 中的自我辩解。还有以上选项之外的一些方法。"我解释说。

"老爸，发生什么事情了？"依依问。

"听我慢慢讲来。"我卖个关子，接着讲了最近发生的事：

大学马上要开学了，我想在开学前约李博士一起喝茶。打他电话立即显示“已断开”。当时我没当回事，因为没有急事也就过去了。几天之后，我再打他的手机，又看到相同的显示，我换了另外一部手机再打他电话，还是立即显示“已断开”。我听说过被列在黑名单里也会出现这种情况，于是我将自己另外一部手机的号码列入黑名单中，试着打过去一看，果然显示“已断开”。我初步判断李博士将我的两个手机号码都列入“黑名单”了。

于是我因此开始反思是否和他有什么过节，想过后自认为我没什么过错，但一转念，莫不是我无意间伤害了他？左思右想，找不到能让他把我列入黑名单的理由，又想到他是个很温和大度的人，我们彼此相处多年，因此猜测也许他出国旅游去了，没开通国际漫游。

尽管我给自己找了台阶，但还是感觉不痛快，于是和我们共同的朋友高先生聊起这事。高先生听完，拿起手机拨了他的电话，仅仅想证明一下是否是对方手机出了故障或者确实是把我列入黑名单中了。结果李博士的手机通了，高先生当着我的面简短地向李博士问候几句，我听出李博士就在北京！

我满脑子想的是：“这是怎么回事？莫不是我真有什么得罪他的地方？”

大约半个小时后，无论如何，我认为有必要和他通个电话，如果他一听是我的声音马上挂电话，那问题就可能是比较严重的了。谁知道到底发生了什么呢？

我是个喜欢在电话里说事情而不愿发短信的人，此时只好一改习惯先发个短信给他：你的电话总打不过去，是不是系统出问题了？我未说黑名单的事，万一有别的原因呢？这样可以进退自如。如果他不回短信，我就想用高先生的手机直接和他通个电话，以询问一下具体原因。

马上他回电话了，听他的声音能感受到什么也不曾发生过。我愉快地和他说了两句话后，可以肯定地判断他根本不知我的手机总被“已断开”这回事，于是说：“你是不是不小心把我列到黑名单里了？”我们都知道列到黑名单里需要几个步骤，不会随便一按键就成了“黑人”。我给对方留有说话的余地，自己也好进一步谈话。

李博士回答说：“没有啊，怎么可能呢！”

我说：“咱们先挂了电话，我立即打给你，看能不能打通。如果你的电话没显示，几分钟后，你给我回过来。这段时间，你也看看黑名单里是不是有我了。”说完，我们挂了电话。我再拨打他的电话，继续显示“已断开”。我开始等待他回电话。

很快，我收到李博士的短信：“你再打一下。”

我打过去，电话通了。我问他我是不是在黑名单里了，他回答：“是的，不仅有你，还有好几个人。不知道是不是春节走亲戚时别人的孩子拿着手机玩给弄成了这样。我找时间谢谢你，不然，别人可能会误会我，最主要的是还可能耽误了正事。”

事情讲完，依依说：“老爸比较自信，所以才会有这样的结果。我想，有人会记恨这样的人和事。”

“我每一个步骤都比较小心，如果当时我换一部电话直接联系他，就不用等那么长的时间，事情也早就水落石出了。我也太自爱，爱到比较脆弱的程度。同时我也习惯性地把事情往坏的方面去想了，想自己是不是得罪了他。幸亏我对李博士很了解，不然，结果也许就不是这样了，我可能就不会再主动联系他了。”我解释说。

依依借一句俗语说："灯不点不亮，话不说不明啊。看来，说出来自己就不再憋屈了。"

[分享]

我们经常根据一些"事实"去推测或猜测他人的行为和目的，而且一般而言都倾向于往坏的方向推论，例如在上文提到的事例中，我的思维就符合这样的模式。

与其独自苦闷纠结，不如行动起来，打开窗说亮话，让事情水落石出。即使李博士真对我有意见，我也会请他给我个机会说明和解释。如果我真的无意伤害了他，会请他原谅；如果是有意伤到他，他的态度也可以理解。所以，千万不要让自己陷于苦苦思索之中，而不去试图沟通和解决问题。

家长比孩子接触到的社会要丰富许多，可以将自己曾经遇到的一些开心有趣或不开心痛苦的事情与孩子交流，给他们讲讲自己的心路历程，这样，当孩子再遇到类似事情时，就有了先前的案例可借鉴，从而避免孩子重蹈覆辙，让他们可以少走弯路。

[延伸阅读5]

## 孩子不喜欢老师怎么办？

刘先生想尽一切办法为女儿妮妮选择了一所有优质教育资源的学校读初中，没料想原本爱学习、成绩不错的妮妮入学不到一年，家长就接连被老师“请”到学校，核心话题是妮妮的数学成绩持续滑坡。

刘先生在与妮妮的谈话中发现：妮妮的成绩下滑和她与数学老师的关系不佳有关。妮妮反复强调说，一看到数学老师就烦，根本就不想听数学课，也不想做数学作业。

刘先生反对她说：“我认为你们数学老师特别负责任，是个优秀的教师。你怎么就会不喜欢呢？”父女二人因此发生了争执。

孩子不喜欢某学科教师，会直接影响到对这一学科的学习兴趣，进而导致学习成绩下降。当家长知道真相后，想尽一切办法劝解孩子，但结果往往不尽如人意。面对孩子不喜欢老师这一事件，家长应该怎么办呢?

首先，应该认真倾听孩子的声音，查找原因，进行有效沟通。通过倾听，了解孩子不喜欢老师的真实原因。如：受到了老师不公正待遇；老师冤枉了自己；被老师批评和处罚；上课不被提问；未被任命为班委；座位安置不当；提意见未引起老师足够的重视；因课堂纪律问题被老师严厉批评；老师思想观念陈旧、缺乏时代感，讲课不生动，表达方式无趣、乏味、单调；等等。孩子不喜欢老师，而后可能产生怨恨情绪，耿耿于怀，情感渐远。

在倾听过程中，家长不要急于表达自己的态度，尤其是与孩子情感相对立的时候。当孩子谈到老师某些方面不好时，若家长用一种成人的眼光看待事件而立即否定孩子的情感体验和判断，势必引起家长与孩子的冲突。

下面以孩子被罚抄写单词为例，说明家长以不同的态度说教或引导可能导致的不同结果。

**情景：**孩子生气地说："百词测验，我错了 5 个单词，英语老师罚我每个词抄写 10 遍，太可气了，我不喜欢这样的老师。"

亲子对话示范如下：

模式一：

家长："如果你都对了，老师还能罚你吗？还是你学习不用功、不扎实。"

孩子："行啦，您总是这样，和您说话真累，算我什么也没说。"

评价：家长否定孩子，形成亲子对立，也未改变孩子不喜欢老师的状况。

模式二：

家长："老师这样做还不都是为你好？如果是我，感谢还来不及呢。我看你就欠再抄上十遍二十遍的。"

孩子无语，转身离去。

评价：家长否定孩子感受，貌似站在老师的立场教育孩子，实则将孩子推到更孤立的境地，最终反而会引起孩子对老师和家长更强烈的反感。

模式三：

家长："英语单词就需要多记，重复次数多了，自然就记住了，你多写几遍就一定能记住了。”

孩子：“你知道我还有多少作业吗？晕！！！以后什么都不和你说了。”

评价：孩子不能接受家长的简单说教和指挥，引起沟通不畅。

一般而言，家长采取以上的方式，本意是为了教导孩子，让孩子尊重老师、欣赏老师、喜欢老师，但事实上，这样未必能起到说服的作用，还可能令亲子矛盾激化。建议家长接纳并尊重孩子的感受，在不知不觉中引导，让孩子体验到老师做法中有益的一面。

**沟通模式可设计为**：

家长关注地说：“错了 5 个单词，老师罚你每个抄 10 遍。”（重复孩子的话，表明家长在认真倾听。）

孩子回答：“是啊。我每天一大堆作业要做，再加上这些，烦也烦死了。”（孩子感觉到作业量太大，希望老师少留作业，尤其不要再被罚。）

家长同情地说：“是啊，每天都有作业，如果是我，也会烦心的。其实，我上学的时候，面对每天大量的作业，与你是一样的感受。真想高喊‘给我一天没作业的时间吧！让我玩个痛快吧！’”（家长与孩子共情，理解孩子的想法。）

孩子：“您上学时也是这样？”

家长引导说：“是啊。不过幸好遇到一位负责任的老师，不然，我可能与其他同学一样，不能走进大学校门了。”（引起孩子对问题进一步探讨的欲望。）

孩子:“你们老师怎么负责任了?”

家长:“当时我们也认为老师在罚我们,不会的题目他要再做几遍,出错的卷面,要反复练习。有的同学因此对老师有意见,不喜欢老师,结果功课越来越差。”(再次与孩子共情,理解孩子的感受。)

孩子:“那您对老师没意见?”

家长:“和你现在一样,也不满意,毕竟我也想有更多的时间去玩。但想到学习是自己的事情,如果我做得更好,老师就没机会‘罚’我啦。于是,我更努力,老师喜欢学习成绩优秀的学生,这一点,直到今天也是一样吧?于是,我才有机会顺利地考入大学。而和老师闹别扭的同学,还以为自己是为老师学习呢,不喜欢老师,就不喜欢那门课。结果,他们的成绩越来越糟,别说进大学的校门,就是高中毕业,还有几个补考的呢。我的体会是:重复可以令记忆更深刻,这也符合记忆的规律。明天我找一本《记忆心理学》的书,你看看,也许会有些帮助噢。”(不知不觉间引导孩子的学习态度,化解了他与老师之间的矛盾。)

其次,家长应鼓励孩子与老师建立良好的师生关系,在家庭中教育孩子尊师重教,并以身作则。家长可以带着孩子一起去拜访自己的恩师,为孩子起到良好的示范作用;也可以时常打电话问候老师,并在家庭中,表达对老师的感恩,回忆上学时的情景。

家长逢年过节或在其他特殊的日子里可以为老师寄送礼品,同时引导孩子在“教师节”等节日里,亲手为老师制作一件小礼品。在带孩子外出的时候,提醒孩子是否需要购买一些小的纪念品送给老师和同学。

在家庭中不要对老师进行恶意的评价和指责,若个别老师确有道德品质方面的问题,应采取正当的手段解决和处理,而不要在孩子面前说三道四。毕竟孩子年龄小，对事物的判断还受到情绪的影响，一名老师负面因素的影响，可能致使孩子一叶障目不见泰山，从而怀疑其他老师品质，或者对老师这一群体产生很深的误解，这将对孩子的发展极为不利。

第三，给孩子做老师的体验，提升孩子对老师工作的认识。通过给孩子体验老师工作的机会，使其明白教学工作的特点和难处，从而使其体悟到老师工作的辛苦，达到将心比心的目的。

有的孩子在计算机方面有超强的本领，家长不妨请孩子做自己的老师，让孩子教自己编程序。有的孩子是游戏高手，家长可虚心向孩子请教，并让孩子设定多长时间教会什么内容，达到何种状态即可“毕业”。让孩子感受一下教一个不能“毕业”的学生，他会有什么感受。

家长也可以利用业余时间，尤其是假期，为孩子提供担任低年级小朋友家教的机会，这样可以帮他们更真实地体验到做老师的滋味。

通过实践，促其感知，使之悟出老师工作的特点，增加对老师的理解，达到引导其喜欢并欣赏老师的目的，以促成学业成绩的提高。

第四，适时与教师沟通，借助教师的力量，引导孩子。家长可通过与教师的接触，了解孩子在老师眼中是什么样的，也可与老师交流孩子的渴望和需求，说明希望老师如何配合家长教育孩子。

如若自己的孩子特别渴望被老师表扬，家长可以与教师沟通，询问班上哪个同学表现很好，哪些同学时常受到教师的表扬，表扬的内容是什么，等等。这样一方面家长可在家庭中对孩子进行某方面的训练，使之获得教师的好感；另一方面，可告诉教师：“您在表扬某某同学时，我的孩子为他感到高兴。他心中一直渴望，如果老师表扬的是他，那该有多好啊。”

如果孩子性格偏内向，上课担心回答问题出错误，又渴望得到老师的重视，家长不妨直接告诉老师孩子的顾虑和担忧，请老师提问孩子时给予较多的提示，使孩子体验到回答正确的喜悦，培养孩子的自信心。

老师在对学生管理和教育过程中难免会因为时间紧张、工作量大、事务繁重等多方面因素而不能像家长呵护一个孩子一样对待一个班的每一个同学。因此家长不妨根据孩子的需要，征得老师的同意后，借老师的口吻以书信的形式将孩子的优点描述清楚，请老师签名,以鼓励孩子,拉近师生之间的关系。家长也可以借助电子邮件，以老师的语气方式写一封信给孩子，表达老师对孩子的关心和爱护，描述孩子的优点和对他的期盼，经老师认可后再转发给家长，家长和孩子共读这封“老师的信件”，让孩子感受到老师的温暖和爱，将对老师的“不喜欢”转化为欣赏和感恩。

总之，孩子不喜欢老师，可能直接影响到学业成绩，进而可能失去升学的机会。当家长得知这一事实后，不要贸然冲动地指责孩子和简单说教，而需以多种方式对孩子进行引导，借助多方面力量，激发孩子对老师的感恩之心，并由此使之产生学习的激情、发挥出学习的潜力。

[延伸阅读6]

## 假开心告别坏心情

喜怒哀乐是人的正常情绪表现，而今，人们坏情绪表现越来越强烈，基于生活、工作、社会、环境等多方面的压力，焦虑、抑郁、愤怒等随处可见，许多人还将这种坏心情写在脸上，整日愁眉不展，似乎世界末日来临，随时都有可能将负面情绪爆发出来。坏心情不仅影响人际关系、职场发展，更影响到身心健康。长期处于负性情绪状态之中，将导致严重的疾病。

人生的目的在于追求快乐，但偶尔因陷入人生低谷而感到不快乐也是人之常情。那么，面对坏心情，我们应如何尽自己所能，尽快做好自我调整，一扫内心阴霾，告别坏心情，变得开心起来呢？不妨练习并运用如下 8 招“假开心”的心理招数，让坏心情不知不觉间悄悄溜走。

### 一、开怀大笑法

据统计，一名儿童一天能够笑 400 次，在成长过程中笑声却慢慢地消失，成年人一天仅有 15 次笑声。成年人在坏心情的影响下，遗失了大量笑容。然而，似乎没有人会在意笑的次数减少，以至于有人早就忘记了怎么大笑。

赵先生曾得了抑郁症，失眠多梦，情绪低落，做什么都提不起精神。服用药物的副作用，令他苦不堪言。于是，他决定放弃药物治疗。赵先生寻得一种新的治疗方法，他将信将疑，抱着试试看的态度，每日清晨来到公园进行自我治疗。当其他晨练的人们在唱歌、跳舞、打太极、跑步、打球之际，他却在一个偏僻的地方，面对大树“吼吼吼、哈哈哈”有节奏地强迫自己尴尬地笑出声。经过一段时间的训练，赵先生的抑郁症状有了明显的改善，由最初的莫名的笑，转化为发自内心的笑。之后，赵先生感觉自己从大笑疗法中获得了新生，能够正常地生活和工作了。作为受益人，赵先生将大笑疗法与更多有抑郁症的病友们分享，组成了大笑团体，彼此之间互扮鬼脸，大家越笑越纯真，越笑越快乐。赵先生因大笑疗法受邀到电视台做推广，为更多有抑郁情绪的人带来了福音。

大笑被看做是一种抗抑郁的良药。开怀大笑与好心情，如同先有鸡与先有蛋的话题，人们至今也不能说清是先有了快乐的心情人们才展现笑容，还是有了笑声之后，人们的情绪跟着变得快乐。但无论如何，事实证明，当大笑时，情绪跟着即向快乐的方向进军。这也应了中国那句老话：“笑一笑，十年少”，笑可以延年益寿，是一种放松和充电。在英语中也曾学到如此说法：Laughter is the best medicine（笑是最好的良药）。大笑对减轻压力有良好作用。

快乐的大笑，不仅可能缓解焦虑、降低血压、让自己有个好心情、改善睡眠，更是一项体育活动，大笑可以改善呼吸和增强肌肉功能，腹肌、颈部、肩膀、横膈肌、面部肌肉等肌群将有节奏地振动，大笑成了肌肉最好的滋补品。不仅如此，笑还可以维护心血管健康，促进消化，按摩肠胃，改善肝功能，增强人体免疫力。

## 二、幽默资料法

日常收集和寻找一些小品、相声、搞笑影音和漫画，以及一些感兴趣的诗词歌赋和幽默故事，或者一些喜爱的照片、风景图片等，建立自己的可笑图书馆。这些资料对自己有特别的意义即可，不必顾及其他人的看法。

每当情绪低落之际，翻一翻仅属于自己的幽默资料库，这些资料可以诱导自己更开心。会心一笑，一笑解千愁。

我在《压力缓解与情绪管理》的课堂上，经常采用如此方法。学员们因为有压力，影响到了工作和生活，我通过展示一系列的搞笑影像，达到活跃课程气氛的目的，学员们被调动而发出最热烈的笑声。当问及学员们的感受时，他们坚定地回答:“快乐！”

在乘机过程中，乘客经常看到飞机上播放的搞笑视频，如《憨豆先生》以及国外的一系列偷拍的搞笑视频。乘客常常无所顾忌地放声大笑，忘记旅途的劳累和积压的不快。

医生在为病人治疗的过程中，也可通过让病人观看轻松搞笑短片、喜剧电影、喜剧表演或给他讲笑话来降低病人的痛苦。

## 三、右眼活动法

请闭上您的左眼，锻炼您的右眼。

美国威斯康星大学心理学家理查德·戴维森指出：右脑对消极信息有反应，而左脑对消极信息无动于衷。

当感觉有消极情绪时，闭上左眼，就阻止了消极情景进入对消极有反应的右脑。仅用右眼观察外界事物，反应在左脑，不会将消极信息进一步加强。

## 四、纵情歌舞法

唱歌是调整心情的最简单的方法。

来自湖南的张女士丧偶后，独自将孩子养大。当她在北京电视台《选择》栏目中征婚时，她表现出的乐观开朗令人欣赏。主持人问及她一个人带孩子的艰难生活时，她回答说：每当她感到生活艰辛之时，如果在工作中，为不影响别人工作，她会小声吟唱欢快的歌曲；而若在家里，她便一边做家务，一边大声高唱《好日子》。在录制现场，她边唱边跳。她说道：每当自己纵情歌舞时，她就将所有的烦恼抛到脑后了。

唱歌、跳舞令全身随着节奏活动，有助于放松身心。特别是酷爱歌舞之人，在享受兴趣之时，完全进入一种新的自我状态，陶醉在自己营造的快乐氛围之中。

## 五、运动休闲法

科学证明，运动是治疗焦虑和抑郁的有效疗法。运动可以促使大脑分泌内啡肽，从而产生愉悦感。

法国大卫·塞尔旺在其著作《痊愈的本能》中写道："百忧解还是运动鞋？"百忧解是一种治疗抑郁的药物。作者强调穿上运动鞋而不是服用药物对治疗抑郁症更有效。一周三次，每次半小时的运动，不仅可以保持较好的身材和良好的健康状况，更可以增加性欲，改善睡眠以及降低血压，提高免疫力，避免受抑郁的煎熬，提升自尊。

## 六、宠物相伴法

养宠物的人越来越多，宠物仅仅是个"玩意"么？

医学研究证明：养宠物可以降低血压和平稳心率，降低心脏病等病症的发病几率，提高致命疾病患者的存活率；也可为孤独的人和抑郁症患者提供伴侣和助其改善社会交往能力，从而丰富他们的生活。

我们经常在街心公园看到人们遛狗，对人狗对话已经司空见惯，人通过与狗交流，将内心不便说的话倾诉出来，释放了压力。当将宠物抱在怀中，用手抚摸它时，宠物主人也获得了内心的宁静和身体的放松。抚触（Touch）被称为维生素 T，人与动物间的亲密接触具有惊人的安抚效应，有助于人体缓解自身压力。

## 七、色彩调整法

许多公司为员工订制的衬衫是蓝色的，许多白领的衣柜中也有几件蓝色衬衫，这不单纯是为了时尚，蓝色对人心理确有极大的影响，蓝色是天然的快乐剂。

当处于负面情绪之中时，不妨让自己进入蓝色环境之中，从而遏制负向情绪的泛滥。蓝色是大海和蓝天的色彩，是永恒的象征。看到蓝色，大脑便会感觉到放松。蓝色代表平静、纯净和理智。人看到蓝色，脉搏跳动也会减缓。

## 八、向下比较法

向上社会比较和向下社会比较对我们各有益处，向上社会比较有利于我们发现差距，更加努力，而向下社会比较则对提升幸福感、增加自信心有好处。

范伟在一部作品中扮演的角色谈到：我饿了，看别人手中拿着个肉包子，他就比我幸福；我冷了，看别人有件厚棉袄，他就比我幸福……此时，向上社会比较令人感受到角色人物的悲凉和无奈。

而向下社会比较可令人感觉到欣慰和满足。当我们因堵路而愤怒时，想到还有许多人无车可开；当因为鞋破而难过时，心中想到失去双足之人……

# 飞扬青春：父女共同面对

许多时候，青春期的叛逆表现在孩子有了思想，他们渴望表达自己的内心，而若家长拒绝倾听或不允许孩子有自己独到的想法，则会激化彼此之间的矛盾。

写信是一种非常好的表达情感的方式。家长可以将口头表达不便的话以文字形式呈现。写信时可经过再三思考，表达条理更清晰，思想更明确。

关于青春期的话题最多，青春期似乎是个多事之秋。一提到青春期，“叛逆”二字自然涌现在脑海中。有人说：“青春期”才是麻烦的开始，更有人把青春期作为人生的一大危机。

我在咨询工作中遇到的与青春期有关的事件的确不少：情感问题、厌学、追星、叛逆、人际关系等等，但并不是每个家庭都有那样极端的事件发生。

为了更直接和快捷地关注有关青春期孩子成长的热门话题，我加入了依依主持的班级官方贴吧，并在申请中写道：

> 亲！我强烈要求加盟班级贴吧，以一个局外人的眼光，以一个朋友的身份，以一种不挑剔、不指责、不抱怨的态度面对大家。
>
> 我是你们中间的一位同学的老爸，TA在家时也偶尔称我一声“大哥”或“老大”。

在这个贴吧里，我将把我关心的一些问题“摆”出来，与亲们分享，以一种不妄加评论的态度陈述一个60后眼中的事实。

希望我们成为好朋友，我也愿意与你们一起成长。

为了给你们中间那位同学——我亲爱的宝贝，留出更大的说话空间，我，保持神秘身份。请亲们见谅。

## 我和青春有个约会

绝大多数家长在面对青春期孩子的时候，共同的感触便是面对“叛逆期”的孩子“束手无策”、“无法沟通”，以至于许多家长感到那几年令人无法喘息。也曾有言称，“青春期，那才是麻烦的开始”，这种现象不能仅仅被归罪于激素的分泌，家庭氛围不良、家长态度以及教育方法不当也是造成问题的重要原因。

而今，与青春期相关的家庭矛盾越来越多，且愈演愈烈。孩子成了激起千层浪之石，家庭内部关系紧张，老少几代人无法正常生活。有极端家庭闹到父母向子女下跪求饶、父母子女之间断绝关系、夫妻因教育孩子致使情感破裂分道扬镳，也有的造成更为沉重不堪的恶果——家破人亡。

青春期的孩子竟然真得变成恶魔了吗？他们问题的实质是什么？家长如何面对孩子成长发育中的问题呢？

面对此问题，我接受了《中国教育报》记者的采访，并对两个案例进行点评。

**案例 1：追星却迷失了自我**

他今年读初二，是一个典型的“周杰伦迷”。因为喜欢周杰伦，他理了和周杰伦一模一样的发型。做这个发型要花上百元，是他在一家出名的发廊做的。“周董最酷，最有个性。你看我这发型，还有我的衣服都是照着他的样子买的。”业余时间，他最大的兴趣就是模仿偶像的语言与动作。我和他聊天的时候，他不停地向我展示着几个周杰伦的“招牌动作”。

为了能够和偶像更加相像，平常他只要见到与周杰伦相关的产品都会购买，周杰伦的写真、CD、影碟……只要是有关周杰伦的报道，他都想办法看看。他还制作了一本《天王周杰伦》，里面收集了周杰伦出道以来的种种资料，还写了很多他与周杰伦的故事。“2006 年 11 月 12 日。今天在论坛上，居然有人批评周董的新专辑曲风重复，了无新意。这人到底有没有乐感？批评我的偶像不就是在说我么？我当时就和那厮在网上吵了起来。”“后来两天我没睡觉，专门在网上顶贴，只要有反对意见我就找各种资料反驳！终于把这帮‘周黑’（网络上对某派的反对者被统称为‘某黑’）灭了！”

**案例 2：偶像形象崩塌之后**

今年 13 岁的她，曾经非常喜欢某女星，可以说简直是着迷。那时在她心里，这个女星就是淑女的完美化身。她形容这个女星是“美丽、纯洁的玉女，就像童话中的人鱼公主，有一双大而清澈的眼睛”。

爸妈看孩子这么喜欢，决定帮助孩子见见偶像，于是托个记者朋友，给孩子争取到一个探班的机会。孩子的妈妈说：“探班当天，孩子穿上自己最喜欢的衣服，高高兴兴地和朋友去了影星拍戏的现场。没想到却大哭着回来，把自己锁在屋里一整天。朋友说，他们到了片场，刚好碰上女星在和记者吵架。女星很凶，对记者破口大骂，毫无修养。这一切都和孩子的想象差距太大，偶像的形象瞬间就在孩子心里崩塌了。”

“那次之后，孩子就再也不看这个女星的任何节目了。孩子还变得特别多疑，现在无论是什么事情，孩子都怀疑其真实性，甚至认为，名人都是大骗子。我和孩子的爸爸多次跟孩子讲，并不是所有的人都是这样虚伪，可孩子已经不再相信了，我们真不知道该怎么办才好。”

[分享]

埃里克森的人格终生发展论认为，青春期（12—18岁）存在自我同一性和角色混乱的冲突。一方面青少年本能冲动的高涨会带来问题，另一方面更重要的是青少年面对新的社会要求和社会冲突而感到困扰和混乱。所以，青少年期的主要任务是建立一个新的同一感或自己在别人眼中的形象，以及确立他在社会集体中所占的情感位置。这一阶段的危机是角色混乱。

“这种同一性的感觉也是一种不断增强的自信心，一种在过去的经历中形成的内在持续性和同一感（一个人心理上的自我）。如果这种自我感觉与一个人在他人心目中的感觉相称，很明显这将为一个人的生涯增添绚丽的色彩。”（埃里克森，1963年）

埃里克森把同一性危机理论应用于解释青少年对社会不满和犯罪等社会问题上，他说：如果一个儿童感到他所处的环境剥夺了他在未来发展中获得自我同一性的种种可能性，他就将以令人吃惊的力量抵抗社会环境。在人类社会的丛林中，没有同一性的感觉，就没有自身的存在感，所以，他宁做一个坏人，或干脆像死人般地活着，也不愿做不伦不类的人。他自由地选择这一切。

青少年时期是孩子从儿童走向成人的过渡期。这个时期由于身体的急剧生长和知识活动领域的扩大，青少年经常遇到感情困惑和概念冲突，因此在儿童时期对父母的无意识认同的基础上，进一步发展自我同一性，是青春期的核心问题。自我同一性是指青少年的需要、情感、能力、目标、价值观等特质整合为统一的人格框架，即青少年经常在思索的“我是谁”、“我是一个什么样的人？”“我要成为一个什么样的人？”等等。同一性和同一性混乱的危机在这一阶段达到顶峰，这就是青少年问题大量产生的社会心理因素。

心理学认为：青少年对青春偶像崇拜迷恋是人之常情，是自然而然的事情，也是个人成长过程中的必然。偶像崇拜是青少年寻求自我过程中的一种普遍现象，即使是成年人也会乐于为自己树立榜样和典范，这是自我发现与印证的一种渠道。现在的青少年崇拜影视歌明星，跟以前人们崇拜英雄偶像的行为是属于同一性质的。在不同年代有不同的“星”，如以雷锋、黄继光、董存瑞、刘胡兰等为星。

青少年时期是由儿童向成人过渡的发展阶段，我们需要通过对不同偶像的认同和依恋来确定自我价值，寻求自我发展，为青少年成长提供奋斗的动力。

建议:青少年的家长了解了子女崇拜什么偶像后,不妨对此偶像做一些了解,这样可以增加与子女借沟通的话题，同时不忘介绍明星成名的过程，如：周杰伦是如何进入演艺圈的、他最初做什么、是什么原因让他成名的、他具备什么精神等等，以此激励子女借鉴偶像的成名过程，激发自己发奋学习。家长一味地拒绝、抑制子女对偶像的欣赏、崇拜，将导致自己与子女的沟通更加不畅或造成彼此关系对立。

# 女儿追星我也“追”

追星、偶像崇拜，在青春期时有发生，在这个树立自我，追求个性的特定岁月里，孩子们追逐一种时尚，无论是席卷大陆的韩流，还是模仿影星、歌星，对他们而言，只要喜欢，只要“爱”上了，就有可能从语言、着装、动作、生活方式等多个方面尽量去与心中的“星星”接近，尽可能地与他们拉近距离。

当然，孩子们的这些行为，会引起家长之大不快。花费金钱先不说，浪费了大量的时间和精力，这可让家长心疼不已。青春期正是最重要的学习阶段，几乎全部家长都希望孩子能够静心学习，取得好的学业成绩。面对这些“不务正业”的孩子，家长采取较多的方式可能是：说教、批评、指责，尤其是对成绩较差、追星疯狂的孩子，家长会以发自内心的“为了你好”为理由而采取更加过激的阻止行动。

对孩子穿衣的教育，要尽量少说教，不批评，而是以一颗童心与孩子平等沟通，做到“手中无剑，心中有剑”的引导教育。

依依正值初二，她的偶像是潘玮柏，依依收藏了潘玮柏的所有CD，只要一张口唱歌，必是《决战斗室》、《谁是 MVP》、《高手》、《一指神功》、《背水一战》、《快乐崇拜》、《我的麦克风》，等等。

一天，依依买回一串链子，穿上牛仔裤，将链子挂在仔裤上。我看在眼中，很欣赏地说：“这身打扮越来越像潘帅了。能不能模仿一下那首《一指神功》？”

依依得意地表演一番。

我也换了条牛仔裤，向女儿说：“借你的链子用一下。”

依依从牛仔裤上解下链子，递给我。

我接过链子，站在穿衣镜前，将链子仔细地系在裤子上，并摆了几个造型，说道："依依，看我像不像潘玮柏二十年后的样子？是不是很酷？我感觉自己更年轻了。走，陪老爸出去也买一条链子，让大家看看我是不是风采不减当年？"

依依张大嘴巴说："不会吧，老爸？您这模样就准备出去？还不让人笑死您？"

"我这打扮怎么啦？我喜欢一个人，模仿他有什么不可以？也没人说中年人不能这样穿衣服，法律也没规定什么年龄的人必须怎么穿衣。"我说。

"那我不和你出去，我丢不起这个人噢。"依依掩口笑着。

"那我自己出去遛遛，我感觉挺帅的，我就是一个老帅哥，广东话叫靓仔。"我说完，径直向门口走去。

依依一个健步走过来，拦下我："老爸，咱按《北京市民文明礼仪规范》约束自己好不好？这肯定不行的，这种打扮不能出门的。"

"那你买这些链子，不是为了穿衣服做佩饰的吗？你不想穿出去吗？"我问。

"我原来想着出门穿，让您这一折腾，我感觉这东西挺没劲的。在家里玩玩还行，如果穿着上街，还真是不合适，显得另类。"依依回答。

"如果你认为这样打扮另类，那我也不挂了。我也不想做太张扬的人，好啦，一会儿我摘下来，再出去，免得给咱家丢人。学校有规定，要求上学穿校服，休息时间你想怎么穿戴都可以，只要不太离谱就 OK。"我了解依依，她本来也不会穿衣不合身份，我这一捣乱，却有点内疚了。所以，马上往回找补几句。

我摘下了链子，电话铃声响了，是夫人打过来的。我抢先说道："噢，小潘围脖真漂亮。"夫人正纳闷，依依跑过来，说："老爸，潘玮柏的什么真漂亮？"

夫人在话筒中听到父女二人莫名其妙的对话，说："你这是怎么了？"

我笑得前仰后合。

在依依初三时，她从网上购买了一顶棕红色假发，我知道她是动漫爱好者，要去参加一次"COSPLAY"的活动，于是，问她还有什么没有买到的，还有什么需要的装备。当她在家化了妆，做好造型后，我称赞她美艳无敌。我支持她有业余爱好，赞成她参加业余活动。

[分享]

许多家庭对子女"另类"着装采取不同的干涉方式，结果子女玩命也要表现出与众不同，不能让父母的抱怨和羞辱没有结果。于是，在有的家庭中父母与子女之间因此展开战争，父母无计可施，子女以胜利者的姿态在家庭中洋洋得意，在街面上招摇过市。这种较量越发激怒了父母，以至于家庭内部出现激烈的冲突。

在处理"另类"着装的问题上，我相信青春期的孩子有审美能力，能够判断什么样式的服装适合什么场合，着装不得体会招致异样眼光，于是，采取了在家模仿、示范、扮演、"出丑"等方式，最终把评判权、裁决权交给依依，让她自己作主，判断这样的装扮是否合适于上街。我充分信任女儿的是非分辨能力。

孩子自从上幼儿园就开始接受教师的正面教育，截止到青春期，孩子们至少听过多次什么样的服装适合学生，什么样的着装显得另类；家长更多次指导、说教、评判，并对街上那些目中无人在身体不同部位打孔、发型"新潮"、服装"前卫"、行为"标新立异"、张扬"个性"的"火星人"做分析评判，我坚信，孩子非常明确什么样的服装是"适合"自己的打扮。

# 女儿遭“群殴”，我“遭”女儿原谅

圣诞前夜，夫人打电话来说女儿临时想出去吃饭，他们等我到家一起外出。

刚到家门口，就听到依依与夫人的笑声；进了家门，夫人对女儿说：“快和你爸说说这事吧，你们同学太……”

“什么事？”我问。

女儿笑着说：“我在学校遭到同学群殴，我向大家赔礼道歉了，他们还不依不饶。”

“怎么可能？同学怎么会群殴你？”我问。

“事情是这样发生的，今天发了数学小考卷子，数学老师发完卷子后说，谁是满分站起来，我就站了起来。环顾左右一看，只有我一个人。老师说请坐，之后说 90 分以上的同学站起来，约有十几人站了起来。下课后，我竟遭到群殴。”女儿描述当时的情景是这样的：

下课了，周围的同学“推搡”着依依：

同学说：“你是人吗？考满分。”

依依回答：“我是人啊。”

另一同学推了依依一下，问：“你是女的吗？”

依依回答：“当然是女的，不是女的还是男的？”

一男生问：“你有素质吗？成绩超过男生。”

依依回答说：“我当然有素质啦，亮点[①]、斌迷[②]、月饼[③]都是有素质

---

① 快男王铮亮的粉丝。

② 歌手胡彦斌的粉丝。

③ 其他班男班主任马老师的粉丝。

的啊！”

另一男生问：“你是 12 班的吗？”

依依越发不服，回答：“我是 12 班的呀！咋了？”

几个同学们一起说：“12班的应该是圆周率[①]呀，不应该是月饼啊，大家都要热爱咱老班哪，虽说……”大家七嘴八舌。

女儿声音越来越高，不然压不住他们，说：“虽说啥？马老师那确实比咱老袁帅……”

同学起哄说：“事实哪，哦吼吼……”

一女生再推依依一把，问：“你有同情心吗？”

依依说：“对不起大家，我承认我没有同情心，我一不留神超过了大家，如果大伙事先说好，我空一个题不做就不会得满分了，但谁让我都会做呢，不得满分真难……”

一男生指着依依说：“你偷老师答案了吧？”

依依表情异样，大喊：“天哪，我冤啊！！！”然后表演说，“某女跪在地上，背景变黑，几道闪电劈下，秋风吹过，几片落叶飘下，一只乌鸦在某女头顶‘嘎嘎’地飞过，某女抬起头，一脸黑线，背后背着大汗珠，身旁出现两个微小的黑体字‘我汗’。”

另一同学指出：“你是不是抄了 99 分同学的卷子，然后查出一分错误，结果偷偷改了，没告诉人家？”

依依以其三寸不烂之舌，应对众同学“你们看到企鹅了吗？真的好冷啊，我爱南极。我对不起大家，我错了，我真错了，我不该得满分，我对不起全班同学，我下次再也不考 100 分了，由于我的努力，让同学们受辱，真的很抱歉。我希望通过中央人民广播电台、中央电视台、北京电视台公开向各位致歉，但我真的不是有意要得

① 袁老师被同学称为老袁，粉丝自称圆周率。

满分的，我真希望我的智商有一点问题，我真的希望……”

我听着依依的讲述，笑得前仰后合。尽管我知道依依在课余时间遭同学群殴是一群好朋友之间的玩笑，但还是领教了依依在学校剧社里学表演而表现的才能。

依依换下校服，穿上自己喜欢的衣服。青春期的孩子，喜欢有个性的服装，愿意把自己打扮得漂亮一些。我们一家收拾好出去吃饭。

在路上依依说：“老爸，我同学的妈妈，看了我们上次剧社的活动照片，指着我评论了一番。”

“同学家长看了之后是不是这样说？”我夸张地表演着：“哎哟喂，这是谁家的小妞啊？怎么就长得这么俊呢？这叫一个漂亮，是你们学校的校花吧。太漂亮了，这将来得出落成什么样啊。沉鱼落雁、闭月羞花一般的容貌吧。我就奇怪了，都说女娃像她爹，那她爹得长得多帅才能生出这样的妮啊。”

依依笑着说：“老爸，您快拉倒吧。我同学告诉她妈说经常上电视的那位马姓心理专家就是我爸。自从知道这事之后，她就特别关注您说什么话，有什么动作，怎么笑，语气如何。按理说，这事我应该高兴才是，至少我可以虚伪地说我是您的女儿。但因一句话我却高兴不起来了。同学告诉我说，她母亲问她，我和您长得像不像？同学回答说，其实也不是很像，但眉眼还是能够看出他俩是父女。之后，她母亲当时就说那他孩子得长成什么样啊。”

我听完，惭愧地说：“亲爱的，对不起，老爸长成这样，也不是自己的希望的。但胖瘦却可以自己控制。我今天看着你们吃饭，再设定塑身计划，让自己瘦下来，是不是就对得起广大观众了？”

依依说：“好像说的不是胖瘦的问题，是指长相。更何况我们老师还说过我眼睛比您还小呢。”

我一脸的无辜，说："亲爱的，都是爸不好。当时没考虑到遗传是父女之间，如果你长得像你妈一样，那就是最美的北京小妞了。"

看到我委屈的样子，依依假装安慰我说："爹啊，按照常规，我应该找您说事。可是，这事也不能全怪您，您也是个受害者。我看见我爷爷的相貌，就知道您已经进步不少了。但怎么到我这儿，又有返祖的现象了？爹，真不能怪您一个人，如果我以您与我爷爷之间那样的差距发展相貌，我理应出落得美人一般，这事只能怪我自己没有努力。爹，我不怪您！"

我说："孩儿，理解万岁！让我们一起高唱《国际歌》，从来就没有救世主，只有自己救自己。我们尽可能通过其他渠道让自己变得更可爱起来，让我们更有爱心，让我们更温和，让我们更善良，让我们将可以改变的改变，让我们接纳并尊重不可改变的！此处应该有掌声。"

依依配合着鼓掌！依依说："今天的沟通是成功的，是胜利的，是在温馨之中进行的。与其怨天尤人，不如此刻就开始行动，发挥人的主观能动性，改变自己。吃完饭，我赶紧回家做功课！"

[分享]

家长与孩子成为朋友和平等对话，已经成为家庭教育的主流方法。日常生活中家长应该倾听孩子的声音，明白孩子内心所想，而不是一味地灌输自己的思想，或强行要求孩子按照自己的意愿行事。

许多时候，青春期的叛逆表现在孩子有了思想，他们渴望表达自己的内心，而若家长拒绝倾听或不允许孩子有自己独到的想法，则去激化彼此之间的矛盾。

与孩子沟通时，父母不必太在意自己的家长角色和"尊严"，嬉笑之间同样可以将自己的思想与孩子一起分享。孩子就是自己的影子，家长日常如何表达事物，孩子不知不觉间就会习得同样的表达方式。

## 给女儿讲我那过去的情感故事

依依初三那年的寒假，春节即将来临，一家人早早做好了过节的准备，每个人的节奏变得格外缓慢，可以自由地在想睡觉时睡觉，在想起床时起床。

深夜十二点，依依还抱着一本书在看。我们几次催促她去自己的房间休息，她娇滴滴地说："今天，我和爸爸妈妈一起睡。"

夫人说："快走吧去自己的房间。像你这年龄，老祖都嫁人了。你还装小朋友呢，回不去了。"

"什么？十五六岁老祖就嫁人了？"依依问。

"过去结婚早，过 18 岁还不嫁人，就差不多相当于现在的圣斗士了。"我说。

"老爸，你读中学的时候，有没有人给你提亲啊，老家不是还有娃娃亲吗？"依依问。

"我还用别人提亲，我自己的事自己作主。"我自豪地说。

"老爸，你早恋。是不是村里那个叫小芳的姑娘？快说说，你跟谁啊？"依依说完哼起了歌："一双美丽的大眼睛，辫子粗又长……"

"别八卦了，你们爷俩去客厅聊吧，我睡觉了。"夫人说完，收拾床铺。

"同桌啊。连手都没拉过就被恋爱了。"我说。

依依问："说重点，怎么回事？"

女儿正值青春期，我想不妨借此展开青春期的话题。

"想当年读初三时，我和同桌都是班委。有时她去开会，我会把老师留在黑板上的作业多抄一份放在她的桌上，这样她散会后，就不用再耽误时间抄题了。再加上那个时候，大家都是老封建，中学男女生不说话，有时我和同桌会说几句，就被同学误解成谈恋爱了。”我说。

“您这还不是谈恋爱？别的男女生不说话，您和同桌说话。您心里惦记她替她抄作业题，说明您的心中有她。您过去有这么好的感情还说自己不是谈恋爱。我听过说谎话，但没听过您这么说谎的。水平太低了。”依依说，转身看了妈妈一眼，小声说，“老爸，咱用不用回避一下。一会儿妈妈要收拾您，就麻烦了。”

夫人说：“你们随便聊，就你爸那点事，早就向我坦白过了。我睡觉啦，你们聊吧。”

“老妈,您有多么宽广的胸怀啊,不计前嫌。老爸接着说。”依依说。

“这事同学先起哄，后来就传到老师耳朵里了。老师非常严肃地找我谈话，主要是批评教育。”我说。

“那时的老师，怎么批评您的？快说说。”依依充满了好奇。

老师强调说我是个成绩不错的学生，千万不能早恋，如果早恋就会影响学习，以后考不上好高中，前途就被自己玩完了。另外，我和同桌门不当、户不对。她的家庭是华侨家庭，吃商品粮，而我是农村的孩子，一旦上不了大学，对方家庭根本不会同意。我把记忆中老师讲过的话重复了一遍。

“后来你们分手了。不然,我妈就是她,现在我也有国际关系了。”依依笑着说。

“老师不管的时候，我还没想太多。老师的教导提醒了我，原来我是谈恋爱了，我可以考虑结婚的事情了。虽然当时也特别幼稚，但是，从那天开始，我和同桌关系更近了。还有一次我留了个小字条约她周日在学校偷偷见面。”

“您当时传字条，相当于现在的发短信约会。”依依说。

“差不多的意思。没料到当我和她到了学校还没讲几句话，一位老师正巧到办公室取东西，我们被老师发现了。”

“抓现行了，在现实面前看您还怎么抵赖。”依依说。

“那位老师笑了笑，什么也没说，拿了东西走了。”

“这真是位好老师。”

“没想到周一，班主任老师把我留下，好好地教育了我一番。我一听，原来是周日约会的事，她知道了。”我说。

“那位好老师传话了。”

“应该是这样。之后我感觉压力很大，我发誓要努力考上一所好高中，将来考一所好大学，不然，会被老师看不起。”

“压力转化成动力。”依依及时敲着边鼓。

“中考，我的成绩还不错，考上了全国有名的正定中学。她也进了这所学校。我们分在不同的班里。我的同学来自石家庄地区，许多地方我从来都没听说过，什么这县那县的。”

“老爸，别转移话题。之后您二位怎么样了？”依依穷追不舍。

“上高中，换了新环境。老师不知道我和她的事，更何况我们不在一个班了。没了外界的压力，我就开始冷静地想初中老师讲的那番话，感觉老师批评我有道理，如果我考不上大学，回家务农，别说她的父母不会同意,估计她也不一定愿意。有时感情就是这样被“创造”的，来自外界的压力越大，两人无论合适不合适就更往一起凑。”我说。

“这就是老爸给我讲过的‘罗密欧与朱丽叶效应’，阻力越大爱得越深。”

“所以，亲爱的，当你喜欢上谁，他也喜欢你时，不必对我藏着掖着的，把他带回来，老爸请你们吃饭，顺便给他做个心理测试，看看他是什么人格、什么气质类型。”我说。

“老爸，我真没有。”

“这个，可以有。在青春期，有个心怡的令你怦然心动的男生出现，这是一份非常美好的感情，如果有了就珍惜，没有也不必刻意去追求，感情的事情勉强不来。”

“老爸，说你的事呢，怎么矛头对准我了。咱接回去说，上高中后，是不是您或者她喜欢上别人了？”依依问。

“最初还没有。”

“后来，马上就有了。”依依马上插话。

“有一天，我写了封信给她，强调的是我想好好读书考一所重点大学，和她以前的事情暂时告一段落，也许考上大学之后再继续发展。我当时没喜欢别人，只是想通过读书改变命运。这就算正式分手函吧。过了一段时间，我发现她与同班一个男生接触较多，估计是交朋友了。”

“您当时怎么想？是不是特别后悔。”依依问。

“这个，真没有。”

“您不是给我讲过，我们许多时候追求的是已失去的和得不到的吗？”

“不是我失去的，是我主动提出来的。”

“她是受害者，老爸。不是还有句话说情感中的两个人就像狗和骨头，看着骨头可以不吃，但不允许别的狗把骨头叼走。”依依说。

“你这都是从哪儿学来的乱七八糟的话。睡觉吧，太晚了。”我大笑。

“不许转移话题。后来呢？高中就没再谈过？”依依问。

“真没谈。能感觉到有喜欢我的女生，但我对她真没感觉。那时我就想着考大学了。所以，三年后，我以优异成绩考入北京师范大学。”

“考上大学了，您就闲不住了吧。以我对您的了解，呵呵，从实招来，谈过几个？”

“严格意义上讲，一个没有。”

“不可能！”

“真没有。喜欢我的，我不喜欢她。”

我还没说完，依依接话说：“您喜欢的人，对方不喜欢您。”

“是这样。我还写过万字情书，被拒！备受打击。”我说。

“睡觉吧，别聊了。”夫人喊一声。

“如果之前有了感情，就不会找到你妈这么好的女人了。遇到你妈时才有：众里寻他千百度，蓦然回首，那人却在灯火阑珊处的开阔。”我说。

“老妈，听听我爸这马屁拍的，您笑着睡觉吧。”依依说，“工作后有过几段感情呢？”

“还几段？原本以为留北京工作了，人生的辉煌就开始了。没料到屡次受挫，感情方面一再受阻。而不成功的主要原因还是初中老师批评我时提到的内容，门当户对的问题。”

“难怪您特别喜欢李清照的词：寻寻觅觅，冷冷清清，凄凄惨惨戚戚。乍暖还寒时候，最难将息。三杯两盏淡酒，怎敌他，晚来风急。雁过也，正伤心，却是旧时相识。满地黄花堆积，憔悴损，如今有谁堪摘？守着窗儿，独自怎生得黑？梧桐更兼细雨，到黄昏、点点滴滴。这次第，怎一个愁字了得？原来是情伤所致。您当时不是有工作吗？”依依问。

们之间磨合了几年，斗智斗勇。比如，妈妈买了一双鞋回来，我不问穿着舒服不舒服，而先问多少钱。如果200块买回来的，她说80块，免得我又牙疼。另外，我不停地絮叨说她鞋太多，没必要买。她就穿着旧鞋买新鞋，把新鞋穿回家，旧鞋直接扔掉。”

“老爸，您刚才讲的这一段话，可以写到电视剧里，太好玩了。不过能想象到当时的情境。可现在您已经不是那样了。”

我接着说：“我们总因为这类事情发生不愉快，我认为自己有理，是你妈不会持家。而你妈认为我太小农意识，不会生活。我最初后悔得肠子都青了，还不如娶了村里那个叫小芳的姑娘呢，她肯定不会这样乱花钱。但转念一想，我恋爱时就是喜欢你妈那种都市女性的时尚、化妆、漂亮，只因为恋爱时她是花她自己的钱，我是从欣赏者的角度观察她的美，所以喜欢到爱慕。而现在一起生活了，我想彻底否定她，与其婚前婚后有这样大的转变，还不如恋爱时找个‘土’点的，自己看着不太舒服的，结婚之后她也不会乱花钱了。”

“老爸好有反思能力啊。”依依说。

“反思后发现：我们每个人都是过去生活经历的囚徒，我受到过去艰苦生活和家庭状况的影响，而你妈也同样受到衣食无忧的影响。只有我们自己做调整，生活才能走向幸福。之后，我接受了妈妈的部分观点和态度，我发现了她身上的优势。身边有个城里人一起生活，加速了我的都市化进程。”

“门不当户不对、城乡结合的婚姻也能过好，主要取决于双方的态度和方法。难怪参加你们同学聚会时，我看到你们有些同学还是那样土里土气的，您却领导了时尚小潮流。”依依调侃着说。

“总结得精彩！此处可以有掌声。你妈从来没有因为我给老家寄多少钱的事情和我发生过争执，这就是她作为城市人的心胸。门当户对可以省去在某些方面的磨合，但也会有别的问题出现。婚姻需要两个人经营，没有完好的婚姻等待着新人去享受。将来无论你找什么样的人结婚，都要做好自我调整的心理准备。”

之后，我又与依依聊了许多生活中自我改造和自我修正的故事。

[分享]

青春期的教育涉及情感话题，许多家长一味地反对孩子与异性交往，特别是女生的家长。这样的顾虑和担心是正常的，每个家庭都希望孩子能够平安顺利地度过这个波涛汹涌的阶段，但往往事与愿违。家长越反对和干涉，“罗密欧与朱丽叶效应”越强大，与其采取“堵”的方式，不如尊重、引导和分享，在无形中将自己的思想向孩子传递。

# 家庭录像：采访中考生

第二天是中考模拟的日子，我的家中依然如故，与往常没有什么区别，每个人的生活和学习依旧按各自的习惯进行着。

晚上9点多，我回到家，先喊一声："我回来了，亲爱的。"

依依刚刚洗完澡，坐在椅子上静心听着音乐。

我拿起一枝铅笔，问她："这位同学，你好。听说你明天要参加第一次模拟考试，请问此时此刻你什么心情。"

依依夸张地、面部表情有些扭曲地回答说："我好紧张，我好怕怕噢。"

"噢,是么？那你和电视机前的朋友们说说你紧张什么呢？"我问。

"我紧张，我紧张，我叫不紧张。我紧张的内容太多了。"依依装作特别紧张的样子回答。

我看到依依刚刚洗过澡，盯着她湿着的头发，说："能看得出来你很紧张，头发上都是汗。"

"是的，是的，太多的原因导致我紧张了。"依依说。

"是家长、教师、同学、自己，还是由别的什么原因导致的呢？"

"我担心我爸爸妈妈打我！如果我考不好，他们会狠狠地打我的。"依依说。

"天下还有这样的父母？"我问。

"是的，不仅如此，我洗衣服不干净，做饭不好吃，他们都会打我。"依依说。

"这是亲生父母所为吗？"我小声说，"三号机注意，给当事人特写，抓住她的眼泪和痛苦的表情。二号机，照全场。"俨然是电视台导播现场。

“他们不是我亲生父母。我父母离婚后，我跟着我父亲，我父亲又给我找了继母，他们又离婚了，然后把我转给继母，继母又给我找了个继继父。所以，他们都不是我亲生父母。”

“看来你过的日子比灰姑娘还惨。”我回答。

“尽管我继母和继继父对我不好，但我著姐和春哥对我还都不错。从这一点看，我比灰姑娘还是要好一些的。”依依说，“老爸，我如果录一期你们的节目，是不是这样说就能过？我语言还算流畅，不会 NG 了吧。”

我看依依希望了解电视制作过程，便从采、编、导几个方面把自己所知的内容一并向她做了解释，同时也把收视率的概念向她普及了一下。

“你们爷俩聊什么呢，让孩子早点睡觉吧，明天还模拟考试呢！”夫人急了。

“呵呵，孩子放松一下心情，急啥么？”我说。

“就咱家这孩子，还用放松心情？心理素质好着呢！昨天去考体育，跑步那一项，老师说让穿得短点，争取跑快点，你问问你闺女说啥？”夫人说。

“你说啥了，妮？”我说。

“老师也太逗了，他说穿短裤就能跑得快。如果是那样，大家裸跑岂不是就能超越刘翔了？”

“熄灯，睡觉！这孩子了不得了！”我大喊一声。

一家三口哈哈大笑。

[分享]

学校教育倡导“寓教于乐”，在家庭教育中如果能通过一些轻松的方式，将教育轻松地融入日常沟通和交流中，孩子不知不觉就会得到许多有益的知识。

通过和孩子一次简短对话，我向她传递了电视制作过程中的信息；孩子对电视制作有了最初步的了解和认识，这有利于孩子将来对职业的选择和定位。

## 面对中考，展望未来

一大早就有朋友打来电话关切地询问依依的中考成绩，这个成绩对于许多家长而言，具有更为特殊的含义。

如果小学、初中还可以通过一些“渠道”选择学校的话，高中对更多的家庭而言“成绩面前，人人平等”，就只能凭分数了。

我手机响了。“老爸，我查了一下成绩，总分535分，比我预期的要低10多分。”依依在电话里将单科分数详细向我做了说明。

“535分？那也很不错啦。平均分可以90多分了吧，等我算一下，”我拿着计算器边按边自言自语道，“535除以总分580，等于92.24%，100分总分可以拿92.24分，挺好的。这成绩还不错啊。参照去年的分数上市重点没任何问题。”我说。

“老爸，现在不管这分数，出结果就已经是事实了。爱谁谁吧，我找同学玩去了。”依依说。

我马上在网上搜一下，535分在东城区5000余考生中排名在600位左右，上个重点高中没有任何问题。

体育满分40分，依依得分35分，体育明显拉分了。而高考目前不涉及体育分，如果将体育分数扣除，文化课程总得分500分，依依的得分率为92.6%。我将依依的得分率按高考750分满分折算，预计依依高考得分为694分。

尽管这样的预测不够严谨，高考还将受更多因素影响，但继续鼓励孩子，让她对未来更有信心才是最核心最重要的内容。我做这项工作的目的是为了晚上和依依展望她高考的前景。

晚上回到家，我们父女俩又开始聊天。

“宝贝儿，今天老爸做了道数学题，把你的分数折合成了高考成绩。”我向依依介绍了我的计算过程和她将来的694分高考成绩，接着说，“今年北京高考文科状元675分，理科状元703分，三年后，你是有可能成为状元的。你的得分率与他们很接近。”

“我可不想成为状元。”依依说。

“这事很容易实现！”我说。

“有没有考虑读哪所大学，学什么专业？或者将来就读北师大心理系，毕业后和老爸走同一条路？你开个公司，我给你打工。”我说。

“好啊，好啊。到时候我一定重金聘请您。”依依说。

“从现在算起，你离硕士毕业还有10年。利用你读书这十年的时间，我还能混不出个样儿来？十年磨一剑，你出道时我将是北京地区的高手了。展望一下你横空出世的气势，站在我的肩膀上，向前远望，看得更远。”我比划着想象中的动作说。

“老爸，现在您是口吐硬币，到我毕业的时候，您就是口吐纸币了。您会越来越值钱的。”依依说。

“那是那是，做心理咨询如同老中医，接触的案例越多，越有经验，越能体现价值。这不是吃青春饭的行业，10年后的我，50多岁，捋着胡须，面带笑容，接待每一位来访者。”

“身边还有一位年轻的女总经理实习……”依依说。

在我们的大脑中，浮现出十年后的父女相助、共同工作的情景。

依依告别了初中生活，即将顺利地进入高中学习阶段。这个假期，较以往的假期更长一些，休闲放松与学习锻炼一个不能少。护照已经办理完毕，8月份她将与其他三位好友一起游日本，我支持依依行万里路，开阔视野。

依依还计划假期与妈妈和姥姥，祖孙三代同行到大连旅游度假。

在阅读方面，因中考挤占了许多时间，她将集中精力恶补逝去的美好时光，阅读“闲书”。

依依也计划提前在家对高一的课本做个预习，并分配部分时间参加课外活动，实现初中到高中课程的衔接。

另一方面，依依将学习一些心理学的课程，如《社会心理学》、《人际沟通》等；另外，为提高自身修养，也会学习《商务礼仪》。

[分享]

人生规划是根据社会发展的需要和个人发展的志向，对自己未来的发展道路作出一种预先的策划和设计，更理性地思考自己的未来，初步尝试性地选择未来适合自己从事的事业和生活，尽早开始培养自己的综合能力和综合素质。

看上去人生规划具有浓重的学术气息，而实际上，在日常生活中，家长可将很多事情与人生规划相结合对孩子作出引导。孩子的人生选择，不是在某一刻才痛下决心作出的决定，而是家长通过一系列的沟通、尝试、体验等手段发现孩子的兴趣所在，润物细无声地传递有效信息，最终帮孩子形成自己的信念，确定前行的路。

## 面对现实，引导职业方向

人未进门声先行："我回来啦。"我喊了一句。

"今儿怎么回来这么早？"夫人站起身，说着话走进厨房去端出一盘水果，"宝贝儿今天剧社有活动，也快回来了。"

"下午在东方广场和一个外企谈员工培训的事。他们留我吃饭，我这不是离不开夫人嘛，我说家中上有正当年的貌美夫人，下有青春期的孩子，我得早点回家。晚了，就要被扣当月零花钱了。"

"你就贫吧，难怪孩子越来越贫了。"夫人话音刚落，门铃响起。

我知道女儿依依回来了，拿着对讲机，一只脚踩在椅子上，右手叉腰，字正腔圆地大声说："天王盖地虎。"

依依在楼下回答："宝塔镇河妖！"

我转身对夫人说："是自己人，开门啦。"

转眼，依依上了楼。一进门就说："老爸、老妈，今天剧社的活动很有意思，一会儿我好好和你们讲讲。"

"洗洗手，吃饭吧。"夫人说。

餐桌上，依依东一句西一句地讲着剧社的活动。

夫人说："我们单位人事说，今年又招了几个博士，除了你们北师大的之外，还有清华、北大的。同事们在一起聊天，你说这以后咱怎么教育孩子？让孩子好好念书，念了清华、北大，都读到博士了，结果下中学教书了。"

依依接话说："对啊，这念书还有什么劲。老师教导我们说：好好学习，将来考清华、北大，现在清华、北大的博士都有下中学的了，念书还有什么用？”

我说：“金融危机、国际形势不容乐观。这几年的就业情况较以往难度更大了。现在咱把几件事合在一起说了，一件是读书的目的，第二件是就业问题，第三件是教育孩子，咱三件事合在一起说不明白。”

“我们学校也有好几位老师是博士。”依依说。

我先讲个真实的故事：“因为工作的原因，我们曾与一些房地产商打交道。记得有一位浙江的老板，他做人很低调，在与他的交流中，他留给我印象最深的一句话是：‘我真羡慕你们有知识，小时候家里太穷了，我读不起书。如果能有机会，我一定会选择读书。’虽然他已经很有钱了，事业做得非常大，但他对读书还是充满了期待。他认为自己一直是低头做事，虽然挣到钱了，但受思维方式的限制，一旦涉及文化方面的事务，就感觉力不从心。如果有知识有文化，他能走得更远。在他身上体现出中国人对读书的赞许和仰慕。同类的事情我遇到过很多。”

夫人说：“你爸也是个例子，知识改变了他的命运。如果当年他不读书，现在就是另一种生活了。”

依依说：“我知道老爸是凤凰男。”

我接着又讲了一个真实与否并不重要的例子：

有一个暴发户，对着花巨资挤进某重点初中的儿子说：“孩子啊，好好读书，将来考一个好高中。”

儿子说：“好好读书就为考一个好高中，然后呢？”

暴发户说：“考上好高中，就有更多机会上一所好大学。”

儿子说：“好好学习，考上好高中，就可能考上好大学，然后呢？”

暴发户说：“就可以有一个好工作啦。”

儿子说：“好好学习，考上好高中，就可能考上好大学，就可以有好工作了。然后呢？”

暴发户说：“您就可以挣比别人多的钱啦。”

儿子说：“好好学习，考上好高中，就可能考上好大学，就可以有好工作了，就可以多挣钱了。您上过高中吗？”

暴发户说：“没有。”

儿子问：“您挣钱多吗？”

暴发户自豪地说：“多啊，我赶上好机会了才挣了钱。我这辈子花不完，你也花不完，你以后的孩子也花不完。”

儿子说：“既然这样，我初中毕业了就不上学了。我不需要挣钱找工作。您高中没上，不也挣了几代人的钱了吗？”

暴发户说：“可我没多少文化，你得上大学，学文化。你不能像我这样，穿多好的衣服都遮挡不住一肚子草。”

儿子说：“学文化就是为了让别人看得起。您没文化，即使有钱了，心里还是发虚。”

暴发户说：“小子，你总算明白我的话了。”

我还要说下去。依依抢话说：“停一下，老爸。我明白您的意思啦。读多少书、有多少文化和工作没有关系。”

我说：“有关系，但无绝对关系。我也有同学读完博士在家待业的，也有博士生活一塌糊涂的。就业可能涉及许多问题，不排除有人为了落户北京而选择了并不十分理想的工作；也不排除这几年形势不妙就业难度大，有人不得不降低姿态找工作；更不排除中学教师尤其是重点中学教师这份工作越来越吃香，不仅稳定有假期，而且将来孩子上学也省心。你看看多少家长，为给孩子找个好的中学读书，急得头发都快没了。有的家长从孩子小学二三年级就开始为他们去哪个中学读书做准备。如果不是妈妈在这所学校工作，你可能根本没机会进这么好的一所学校。宝贝儿，快给老妈鞠个躬，谢谢老妈为你就读这样一所名校铺平了道路。”

我说完，依依娇滴滴地说：“小女子这厢有礼了。老妈，您就是资源啊。”

夫人说：“现在许多人找结婚对象，很愿意找中学教师。”

“清华、北大、北师大的博士下中学，其他学校的博士、硕士、本科进到学校的机会应该就少多了。从这个角度看，读书与就业还是有结合点的。靓女，你说对不？”我说。

依依说：“读书与就业，是一个辩证的关系，二者相辅相成，紧密相关。但不能把念书的目的只定位在就业上。读书的目的在于明礼、明智、明心、开阔视野，当然，也可以预防老年痴呆。”

“读中学靠资源，将来工作也可以考虑资源啊。根据你的兴趣爱好，选择适合你的专业，看看身边可借助和利用的资源，将这些汇总，有机地结合起来，就业问题就解决了。老爸有那么多特别优秀的朋友和同学，他们现在已经在各自不同的领域中处于领导岗位了，只要你能达到工作需要的标准，优先录用你，这个面子他们还是会给我的。”

夫人插话：“找别人还需要他们给你爸面子，如果你认准你爸这行，你爸绝对最无私地支持和帮助你。”

“这一点我相信。天下最无私的就是父母了。到时我会自豪地喊：‘我爸是马健。’”依依振臂一呼。

“找时间老爸提前对你进行职业指导。敬请期待噢。”我说。

[分享]

面对就业问题，无论是家长还是孩子都受到些许的影响，新的“读书无用论”思想影响了许多家庭，从近几年高考报名人数下降就可以嗅到相关气息。尽管人数下降是由多种因素构成的，如出国留学、生育人数下降等，但也确有一部分人弃考；就业难造成考生减少是不争的事实。

中广教育网的一篇名为《全国高考人数下降趋势将持续到2018年》[①] 的文章介绍说：从2009年高考人数出现负增长以来，河南2011年高考报名人数85.5万，锐减近10万人，是有史以来“跳水”幅度最大的一次。北京市考生为8万余人，已比10年前锐减两成。

面对现状，家长为孩子寻找出路也是非常重要的工作，不能孤注一掷地将全部希望寄托在高校身上。

家长可帮助孩子充分了解自身的个性特点，包括：兴趣爱好、性格特征、知识结构、能力范围等，从而使孩子对自己有全面和理性的认识。

在孩子成长过程中，家长可将社会不同职业的岗位要求介绍给孩子，如：职业的分类、岗位的内容、岗位对知识和能力的要求等。这样孩子选择专业时就能考虑到就业的出路，学有所用。

家长应帮助孩子根据自身的个性特点选择适合的职业，量体裁衣。

---

① http://www.cnr.cn/jy/yw/201105/t20110525_508034346.html

## 文理分科，孩子选择

依依升入高中以来，经历了第一次期中考试，其结果与入学成绩比，学校名次大排名前进了近四十名，这一点更加强了她的信心。在人才济济的学校，能按部就班地跟上功课就已经值得称赞了。

依依开始考虑高二文理分科的问题了。从个人兴趣看，她希望学文科，她喜欢语文、历史等学科。我是理科出身，与学校老师们的态度一致，认为学理科就业形势和升学问题都较文科容易一些。

我把自己的态度传递给依依，但尊重她的选择，如果她对文理科兴趣相差不多，我建议她学理科。同时，我还特别分析了高校对文理科生招生数量的不均衡供她参考。

经过我的分析，依依为了使升学和就业结合，开始考虑学理科。依依也强调说要再自我观察一段时间，高一结束时最终确定学文还是学理。

我继续向依依介绍学理科的好处："将来读个北大、北师大心理系，再念个硕士、博士。毕业时，有特别适合自己的单位就去工作，没有满意的单位就创办个与心理咨询相关的公司自己创业。老爸也可以带你出去讲课、做咨询、录节目……老爸倾囊相助，只要你能接得住，我爸统统传给你。在今天竞争如此激烈的形势下，如果有能够借助的资源和力量，就一定要好好地、充分地利用！"

依依说："我肯定、确定以及一定相信：十年后的马健不再是如今的马健，而将是一位实实在在的、伟大的、充满光辉的、著名的心理学专家马健老师了。"

马上到了高一第二学期期中考试过后的家长会，会议的一个核心话题是文理分科，老师们也反复强调要尽可能劝学生学理科，还特别介绍了学理科的许多好处。

在年级家长会上，我抬头看前面的家长，大多是女性。我特别数了几排，男女比例大约是 1 ∶ 8。当到了班内开会时，我精确地计算了一下，参会的 38 名家长中，仅 5 名男性。我联想到我组织的一次 20 人的家庭成长工作坊，男女比例是 1 ∶ 9，仅有两位孩子的父亲参与到其中。当然，他们也是与夫人和孩子一起参与其中的。很明显，教育子女的重任自然而然地倾斜在女性的身上。只要有适宜的场合，我会呼吁父亲应在家庭教育中承担起自己的角色。

回到家，我将家长会的内容传达给依依，并征求依依对学文还是学理的想法。

依依肯定地回答："老爸，我知道您和老师们用心良苦，都是为了我们将来的出路,但我决定学文科了。我认为我不只对文科感兴趣，它还带给我幸福感。老爸，你懂的。"

"既然是你最后坚定的选择，老爸义无反顾支持你学文。看来你将来的专业就要重新选择了。我印象中，心理系应该只招理科生。因为要学心理测试，这是需要数学功力的。上网查一下。"我说。

"老爸，依网上资料看，心理系好像文理科都招。"依依说。

"那好。两年后谁又知道情况会有什么变化呢。无论学文还是学理，自己有兴趣学，有能力学好，将来还能学以致用，能够谋生，就是快乐的。"我说。

"感谢老爸支持。"

和依依交流后，我更充满了力量。家长最大的动力源来自孩子。打拼出一片蓝天，给孩子一个更宽广的舞台，我心中充满了力量！

几天后，依依说有几位同学被父母强制选择学理了。

高二分班后，依依学校 70% 以上的学生选择了学理；依依所在的文科班 40 余人中，有 30 多名女生。

[分享]

家长出于对生活的理解和美好的愿望，替孩子决定学文还是学理，我相信家长充满了对孩子无限的爱。有些孩子会服从父母的决定，调整自己的态度。另有些学生则会厌倦学习，拒绝别人的选择，进行无声反抗。

从个人的经历看，我高中学理科，大学最初也学理科，后来发现自己的兴趣并不在所选专业，于是又重新选择了文科继续学习，但也并不容易，因为高中文科的基础知识有大量的缺漏或空白。我走的弯路提示我，如果家长有能力对孩子进行引导，协助孩子确定方向是件非常重要的大事。

## 17岁——写给青春期女儿的第三封信

依依已经读高二了，9月22日是她的生日。

生日除了要吃蛋糕，更是家庭成员之间表达感情的最好时机。我喜欢以书信的方式表达自己内心的情感，而读信人也可以找合适的时间静心阅读。于是，我提前几天就已经写好了祝贺女儿生日的信件，然后与夫人一起为女儿悄悄准备了一份小小的物质惊喜。

我写道：

马泽女士：

首先祝你生日快乐，祝你越来越有魅力。这是你到法定成人年龄之前的最后一个生日，明年的今天你就是个大姑娘了。

这样一种怪怪的开头，一定令你吃惊。多年来，你已经习惯于老爸叫你“宝贝儿”、“亲爱的”，这些词语透着我们的亲切和你的被呵护。而“马泽女士”却是成年人之间的用语了，今天老爸用“马泽女士”这样的称谓呼唤你，你有否感觉到自己正在从那个可爱的小宝贝儿向成年人转变呢？是的，你正在转变，因为你已经17岁了，正值青春期，正向成年人过渡。

尽管我们几乎每天见面并沟通无障碍，但给你写信已经不是一两次了。写信弥补了我们日常口头交流的随意性，更重要的一点是字里行间的每一个字符表达了我深深的思考。

老爸作为心理工作者，接触到太多因为家庭教育失误而贻误孩子终生的事件，因而也越来越注重亲子指导。我更关注对你进行“全人”、“全方位”、“全过程”的培养。我认为再没有什么比你拥有健康快乐的心态和从生活中获得幸福与愉悦更重要的事情了。

也许在你心目中，我并未刻意用大量时间向你说教和一本正经地谈话，但我相信在家庭生活中父母不经意间的作为已经对你构成了影响，相信你接收到了父母传递给你的信息——我们永远无条件地爱你。

我特别推崇杰出教育家马卡连柯的一段话，他指出：家长自身的行为在教育上具有决定性的意义。不要以为只有家长同儿童谈话，或在教导儿童、吩咐儿童的时候，才在教育着儿童。在家庭生活的每一瞬间，甚至当家长不在家的时候，他们都在教育着儿童。家长怎样穿衣服，怎样跟别人谈话，怎样谈论其他的人，怎样表示欢欣和不快，怎样对待朋友和仇敌，怎样笑，怎样读报……所有这一切对儿童都有很大意义。家长的态度、神色上的一切转变，都会在无形中影响儿童，只不过家长没有注意到罢了。如果家长在家庭里粗野暴躁，夸张傲慢，或酩酊大醉，再坏一些，甚至侮辱母亲，那么家长就不仅深深伤害了儿童，还在儿童教育上造成很坏的影响，家长的不良行为将会产生非常糟糕的后果。父母对自己的要求，父母对自己家庭的尊敬，父母对自己一举一动的检点，这是首要的和基本的教育元素。按照上面的标准，请你给老爸老妈评分。

作为父母的我们所示范给你的相处之道、生活方式、态度、行为、交往等多种表现，将对你的未来产生深远的影响。我和妈妈在十几年的婚姻生活中从未发生过争吵和打斗，即使偶有分歧，也能够“有话好好说”，通过沟通和交流达成一致或在无关大局的前提下各自保持自己的态度和风格，允许“大同”前提下的“小异”。而这缘于我父母的行为潜移默化对我产生的作用。在我心中，你爷爷奶奶从未红过脸，更不用说动手了。爷爷是个不沾烟酒并与人友善的人，所以，今天你也未在家中闻到烟酒的味道。生活在农村年近90高龄的爷爷虽然文化水平不高，但他一向与人温和友善、宽容大度和知足常乐的生活态度对我影响至今，这些已经在我心中留下难以磨灭的烙印。如果你对老爸的所作所为满意，那就与我一起感谢爷爷奶奶吧，因为他们是我的第一任教师。

我曾与你分享我的教育观：关注亲子教育，警醒家长成长，聚焦健康和谐。你是父母的一面镜子，我时常通过你的表现审视自己。如果你出现了情绪和行为问题，我首先反思是否这些问题因我而起，你的问题即转化为父母进步的推动力，所以，你是我们家庭成长的催化剂。老爸老妈要感谢你！

亲爱的女儿，我知道乐观的生活态度、良好的学习习惯、人际交往的技术、自理自立的能力、整洁的卫生习惯、与人为善的心胸、广泛的兴趣爱好是你引以为豪的资本，我也骄傲着你的自豪。有一种说法，孩子是父母的翻版，在你身上，我也看到了自己的优点。

我们不仅是父女，更是要好的朋友，彼此可以坦诚地交流，允许对方陈述自己的观点和态度。由于我幼年生活在农村，18岁才离开家乡来北京读书，那段难忘的生活经历对我的一生影响很大，其积极意义在于让我更加坚信一分耕耘一分收获这个道理。我的信念是：靠自己，靠自己，只有靠自己。在你眼中，如果今天老爸取得了什么成绩，那是努力付出后的结果，那是我心目中自己想要成为的那个人的形象在引导我驶向理想的彼岸。因此，你明白：想成为什么样的人，关键取决于你自己。人类具有强大的能力，只是许多能力被自己埋没了，一旦发挥潜能，没有谁可以阻拦你，你的努力可以达到300%的效果。还记得老爸向你介绍的若干心理学实验吗？科学实验证明：我们的身体会听从心灵的命令去生产和制造，所以，让你的心灵放飞，去追求你的理想吧。

现在你可以静心思考自己要成为什么人，从内心深处看看你自己想成为的样子，为自己勾画一张你的未来的照片，将这张照片铭记在你的心上。你的思想就像种子，现在明智地播种，通过你的浇灌，它将萌芽，开花并结出令你满意的果实。

我难忘的成长经历也存在需进一步调整的内容，那就是我骨子里的未都市化的部分，视野和知识面尚不够开阔，似乎除了读专业书外别无他求，兴趣爱好尚不够广泛，尤其是在体育运动方面存在不足。我意识到这些已对你造成了负面的影响。但看到你对于各学科的热情，积极在班上展示自我以及与同学相约外出，等等，我很高兴，这提醒我回忆起：人是有自我修复能力的，而你就具备这种超强的自我修复能力。希望你将这种能力也运用到体育运动方面，不仅心理是健康的，身体也是健康的。祝你成为身心健康的使者。

亲爱的女儿，成为你想成为的人吧，父母做你强有力的后盾。我们相信你能够积极迎接前进路上的挑战，最终实现自己的理想。父母看好你噢！

最后老爸老妈祝福你一生健康、幸福、快乐。无论在人生路上是成功还是待成功、富有还是待富有，无论遇到什么挑战，都希望你在任何环境中能乐观地正视并接受现实，并温馨提示要做一个身心健康的人。

下面提供一份心理健康的标准供你参考，时常比照自己。

心理健康十项标准：

(1) 有充分的安全感

(2) 充分了解自己，并对自己的能力做适当的估价

(3) 生活的目标切合实际

(4) 与现实的环境保持接触

(5) 能保持人格的完整与和谐

(6) 具有从经验中学习的能力

(7) 能保持良好的人际关系

(8) 适度的情绪表达与控制

(9) 在不违背社会规范的前提下，对个人的基本需要做恰当的满足

(10) 在不违背社会规范的前提下，能做有限的个性发挥

爱你的老爸

2011 年 9 月

依依生日之后过了两天，我看到书桌上女儿回复的信件，上面写道：

亲爱的老爸：

我仔细阅读了您写的信。

感谢您和老妈多年的培养，你们是我了解到的最用心的父母。我为生活在这样温暖的家庭中感到骄傲和自豪。深深地谢谢你们。

今天还有大量的作业，我就不再连篇累牍地抒发我的感情了。所有意思汇成一句话：“我爱你们。”

我给老爸打92分，余下的8分希望老爸继续努力。如果打满分就没有可以提升的空间了。

[分享]

现在的生活节奏非常快，经常受到外界因素的影响，即使聊天也时常被打扰。

写信是一种非常好的表达情感的方式。家长可以将口头表达不便的话以文字形式呈现。写信时可经过再三思考，表达条理更清晰，思想更明确。

读信件时，读者能感受到写信人对自己的关注，也能够将写信人的思想保存得更长久，因为信件便于存储和收藏。

[延伸阅读7]

## 解读学生行为背后的需求

教师面对个性不同的学生，工作的难度越来越大了。由于受工作时间的限制,教师时常采取“同一个班级同一个声音”的工作方式。尽管付出的时间和精力很多，但一些学生表现出来的问题仍令教师们感到困惑，无论自己如何苦口婆心教导，学生问题依然存在，这都令教师难免自我反问:“如今的学生到底怎么啦？”

心理学研究告诉我们，行为由动机而产生，而动机源于需求。找到隐藏在学生行为背后的需求，做到对症下药，教师的工作将达到事半功倍的效果。

**案例一：揪别人头发的淘气鬼**

小海（化名）是个让所有学科老师都头疼的学生，不仅学习成绩不好，上课还经常捣乱。小海代表性的令人气愤的行为是揪身边女生的头发。为此，女生家长经常告状，老师多次请小海家长谈话，要求家长好好管教一下自己的孩子。但是，无论家长说服教育还是在情绪难控之下对他打骂，都没有明显的效果。

在对小海的咨询中我明显发现小海一谈到揪女生头发脸上就浮现出兴高采烈的表情，他似乎能够从女生的尖叫和老师对他的批评中感受到快乐和满足。接着我又进一步了解到，对于班上成绩不好的同学，如果他们在课堂上没有明显的违纪行为，老师眼中就似乎不存在这一个同学。而小海在家中，如果自己不出现问题，父母也很少意识到他的存在。小海父母工作非常忙，国内国外飞来飞去，他们口口声声对小海说所做的一切都是为小海的将来做准备。但是，小海却不领他们这份情，他渴望与父母在一起嬉戏和交流，渴望被关怀、被鼓励、被认可。

根据小海内心的需求，第一，建议家长重新规划生活和工作节奏，将与孩子在一起的时间列入日程。第二，建议教师关注小海，除了课堂上向小海提问外，还可通过肢体语言向小海暗示自己的关心和认可。第三，小海再次出现揪别人头发行为的时候，老师不应再当着全班同学的面批评他，而应采取冷处理的方式，忽视他的不良行为，课后再找一个安静的环境，对其辅导。之后，小海揪别人头发的行为很快消失了，原因在于他不再需要通过这种方式来获得心理满足了。

**案例二：早恋的初中生**

老师最担心中学生出现“早恋”问题，不仅担心学生成绩会下降，更担心学生把持不住自己的情感而做出出格的事情。读初二的丽丽（化名）和亮亮（化名）关系很密切，只要有时间就会待在一起，二人的“爱情”关系在同学中已经公开了。老师证实后，在批评教育未见效果的情况下，只好向两位同学的家长如实地说明了详情。两位家长其实早有察觉，再加上听了老师的言辞，都各自对自己的孩子严加管教。不料想，被管教前两个孩子还是偷偷摸摸地约会，现在却变成明目张胆地在父母面前大谈二人的关系是“爱情”，并强烈反对老师和父母的干预。

通过为两个家庭的咨询我发现：丽丽的父母工作很忙，丽丽由爷爷奶奶养大，她与父母见面的机会仅限于她生病时或节假日。随着丽丽的成长，她与爷爷奶奶可以交流的话题越来越少，经常吃完饭就关上自己的房门，感觉很孤独，于是上网与同学聊天。而亮亮尽管与父母在一起生活，但父母是生意人，几乎顾及不到与儿子的沟通和交流。独自在家的亮亮与丽丽是网上的常客，二人通过网上联系，彼此感觉越来越离不开对方。丽丽和亮亮现场画的“家庭动态图”，再次印证了两位同学生活中的孤独和无助。两个人走到一起的原因除了有青春期对情感的渴望之外，更多在于他们的家庭缺乏沟通和温暖。

我针对两个家庭粗暴的教育方式对其做了引导，向家长介绍了青春期孩子的心理特点，特别提到维生素 T（Touch）——抚触对青春期孩子的意义和作用。当母亲从头到肩膀再到后背抚触丽丽时，丽丽感受到了母亲的爱和温暖，维生素 T 似乎缓解了丽丽青春期的焦虑。最后在尊重两位同学之间情感的前提下，我协助两位同学做了时间管理计划，引导他们安排好自己的学习与生活。

## 案例三：高考前的“傻”学生

李峰（化名）是一名市重点中学的高三学生，自四月份开始，他每周逃课一两天，班主任王老师发现他逃课的目的竟然是去网吧玩游戏。看在眼中急在心头的王老师联合李峰家长对其进行严肃的批评教育。没想到事已败露的李峰索性天天去网吧，置老师和家长的劝解于不顾，并且告诉同学：自己天天去网吧，打游戏很有成就感。老师和家长深深为这位曾经很优秀的学生感到惋惜，却束手无策。家长最终选择了专业心理辅导。

通过咨询，事情的真相浮出水面。

首先，填充时间。李峰玩游戏只是为了打发时间，而并未沉浸于网络游戏的乐趣之中。他不知如何面对父母的期待和老师的“一刀切”要求。

其次，家长期待。李峰初中时是市三好学生，曾获全国作文评比二等奖，以优异的成绩考入市重点高中后学业成绩一向保持优良。在父母眼中，李峰一定能够考入重点大学；在最疼爱他的爷爷眼中，他是最有出息的孙子，是可以让爷爷含笑九泉的骄傲。但高考越来越近了，在这十年寒窗终于要出结果的时候，李峰感到来自家庭的压力令他难以承受。家人对他无微不至的关怀，令他惶恐不安。“高考只能胜利不能失败”这个声音在他耳边萦绕回响。李峰开始失眠，他的担忧运来越多，他不想让爷爷失望，更不能让父母的愿望落空。

第三，自我妨碍。在压力越来越大的情况下，李峰选择了逃避——去网吧玩游戏的解压方法，同时达到了缓解家人对他的强烈期待，颠覆他在老师、同学、家人面前的“好学生”形象的目的，为高考两种可能的结果寻找到了解读的种种归因，即，如果考得还不错，可以内归因，说明自己聪明，不玩命复习，也有过得去的成绩；假如没有考好，可以外归因，解释考不好的原因在于没有像其他同学一样刻苦努力，如果不去玩游戏，也一样能考好。考不好与自己的能力和水平没有关系。可以说，他的行为已经逐渐削弱了家长对他的期望，为考试成败已经做好了软着陆的充分准备。

根据李峰的情况，我采取认知调整、呼吸放松、冥想考试情景等咨询方法对其进行心理解压，并进一步通过网络——在李峰博客上，给他心理支持，陪伴李峰度过高考这一关。

通过以上三个案例我们发现，学生的行为是心理需求的外在表现，学生试图通过这些行为达到自己的目的和得到心理满足。老师可以通过与学生沟通和交流，了解学生内心的真实需求，尝试其他教育方式和解读问题的角度，对症下药，协助学生走出自我困境，踏上健康积极的人生路。

[延伸阅读8]

## 在情感沼泽中旅行的男孩

人物:孙磊（化名），15岁，初二年级学生，因追求女同学被拒，学习成绩一落千丈，精神委靡不振。

孙磊的父亲是一名成功企业家，他可以在商海中叱咤风云，他能够统领近千名员工，他能向更多前来求经的企业界人士介绍自己成功的经验;但是,回家面对一个15岁的儿子,他却表现得才疏学浅、无能为力。

在某饭店，当孙磊的父亲见到我时，这个成功人士像一只受惊的麻雀，一提起儿子，他长吁短叹，愁眉不展。

当我问孙先生孙磊以前是个什么样的孩子时，他似乎被打了强心针一般，突然间脸上有了光彩。他自豪地讲述了孙磊之前是如何听话，学习何等用功，成绩如何优秀，是个人见人爱的好学生。

看到孙先生情绪稳定了，我进一步了解孙磊变化的原因和表现。

孙先生介绍说，孙磊喜欢上同班的一名女同学，但当向女生表白时，遭到了女生的拒绝，不仅如此，那名女生还将此事当做笑料在同学中传播，并且向班主任做了汇报。转眼间孙磊成了一些同学们耻笑的对象，也被老师请去谈心。家长也因此受到老师的“邀请”，老师如实地将孙磊的情况转达给家长，希望家长配合做好孙磊的工作。似乎从那天开始，孙磊由爱生恨，变得沉默寡言、情绪低落，最突出的变化是学习成绩从班级前几名落到了罕见的低谷——倒数第几名。说到这里，孙先生长叹了一口气。

面对孩子的状况，我相信孙先生一家一定已经想方设法，采取了力所能及的措施，于是问他为此做了些什么。

孙先生说："孩子有了情感问题，我怕他想不开，万一有什么意外，谁能承受得起啊。我坚持每天接送他上下学。与其说接送，不如说监督。我还偷偷查看他的网络聊天记录，也会翻他的手机看是否有什么不合适的信息。我还找过他喜欢的女同学的家长谈话。能想到的方法，我都用上了，可结果还是这样。"说到痛处，孙先生这位七尺男儿潸然泪下。

我静心听完孙先生的陈述，了解了孙磊的现状，提出找一个安静而温暖的环境，单独与孙磊"过招儿"。

孙先生立即安排了茶楼的包间，而孙夫人此时也陪着孙磊从家里出发了。

见到孙磊之前，孙夫人已经向孙磊详细介绍了我的情况。孙磊也多次看过我录制的节目，他对我极有好感。

孙磊看上去是个白净而有些腼腆的小男孩儿，嘴唇上淡淡的胡须证明了他正在从男孩向男人过渡。尽管孙磊没有拒绝我，但他仍然坐在离我最远的对方；他在猜测我将对他采取什么行动。

**过招儿 1：建立关系**

"我听说你喜欢上了同班同学。"我说。

孙磊低头回应说："嗯。"

"在这个年龄，能喜欢一个人，是件让人高兴的事。说明咱长大了，有了爱的能力，也渴望别人的爱。"

"嗯？"孙磊疑惑地看着我。他听到了与众不同的声音。"嗯。"

他一边点头，一边抬起头，看着我。

“这事被家长骂了吧。”

“是。他们还天天监视我，烦人！”孙磊的话多了，看来他撤掉了警戒线。这是个好的开端。

“如果有人监视我，我也不爽。他们把你当犯人看着，这谁受得了啊。”我习惯性地抓抓头。

“对啊。我很不爽。”孙磊学着我说话的方式，气氛一下子轻松多了。

我与孩子站在同一战线上的表达方式，获得了孩子的认可，我迅速与他建立了友好的关系。

**过招儿 2：营造氛围**

“你爸还监视你，我估计他自以为做得天衣无缝，其实早被你看穿了吧。我一看到你，就知道你是个小聪明。”我伸出大拇指，对着孙磊比划一下。

“那是。就我爸那三脚猫的功夫，天天打着接送我的名义，其实是怕我跟那女孩没完没了。我妈也一样，早就被我识破了。”

“你妈也加入监视你的队伍了？你的日子可不好过啊。”

“他们太小儿科了！”孙磊不屑地说，“这种骗人的招数早就OUT了。”

“说说他们都用了什么招数。”我向孙磊靠了过去。

“我爸就别说了。就说我妈吧，多老土的办法啊。我一说出门，我妈就马上换衣服跟我一起往外走并问我去哪儿。我说去体育馆，她说刚好她要去李阿姨家，在体育馆附近，可以顺道送我。如果我去东单，她就说自己正好要去王府井，非让我坐车陪她一起逛街。

我走到哪儿，他们跟到哪儿。”

“就以你这聪明劲，甩掉你妈玩似的吧。”

“呵呵，我说去厕所，她总不能跟进去吧。您知道东安市场的卫生间有好几个门，这门进那门出，我就闪了。过上半小时给我妈发个短信说我有事先走了。”

“你肯定还有更精彩的招数没说，我琢磨你肯定和你妈玩猫捉老鼠的游戏了。”我在孙磊的头顶上摸了摸。

“我知道他们是为我好，但那种方法太让人烦了。”

我和孩子探讨了家长在跟踪过程中，在技术层面犯的低能错误。交流的氛围一下子轻松起来。

**过招儿 3：沟通思想**

“就你这脑子，我看你喜欢的那个女孩一定特别优秀。”我引导孙磊表达内心的感受。

“还行吧。长得挺漂亮的。别看我们学校不让学生打扮，我相信只要她打扮一下，会更好看。”

“你除了喜欢她长得漂亮，还有别的吧？”

“她真的特别漂亮，舞蹈跳得也不错，钢琴弹得也好。我觉得她是个多才多艺的人。”

“你挺有眼光啊。难怪你这么喜欢她。是不是她的功课也不错啊？”我说。

“她的功课真是很一般，中下等水平吧。”

“看来她的学习成绩在你心中一点也不重要。”

“成绩无所谓。将来她走特长生的路，成绩差也没关系，可以考音乐学院、舞蹈学院、电影学院什么的吧。”

“看来你对她很了解，知道她以后要走的路了。”

“以前大家一起闲聊，什么都说。她说的每一句话，我都记在心中了。”孙磊自豪地说着。

“她家里的情况，我估计你也了解。”

“她和她妈在一起，她爸在国外，不回来了。她说过她爸的事，估计她父母离婚了。”

我给孙磊机会，鼓励他说出自己喜欢女孩哪些方面，以此了解女生的基本情况，为下一步过招儿做好准备。

**过招儿 4：情感剖析**

我说：“这么好的女孩，喜欢她的人不会少。”

“是啊，那天我向她表白喜欢她，她回答我说喜欢她的人多了。她若委婉一点拒绝我还好，也算给我留面子了，但她说话太生硬了。我也需要被爱啊。”

“咱都需要爱，爱是必需品，不是奢侈品。在家里要得到父母的爱，在学校要得到老师的爱，当然，如果也能得到同学的爱就更好了，毕竟同龄人之间有更多的共同语言。像我是比你爸年龄都大的人，跟你有好几个代沟了。”我说。

“咱好像真没代沟，您要不说我都忘记您的年龄了。您不像我爸我妈他们。我爸天天就知道做生意赚钱，以为给我买东西就是爱我了。有一次我想让他陪我去公园玩，他本来答应得好好的，可走半路上，又不去了。他说有业务要谈。我觉得在他心中，挣钱比我重要。你再看我妈，她就是更年期。”

“你妈更年期了？你不会是故意这样说吧？青春期遭遇更年期，那你可没好日子过了。”

“是啊，我妈天天跟我这样讲，为了我为了我，我都快烦死了。怎么全职太太们都成这样了。我都长大了，她还把我当小孩子。我洗澡，我妈非要进来给我搓背不可。您说这是爱吗？”

“你是不是想说，让你妈少管点，让你爸多陪陪你？”

“我需要的时候，我爸不管我，现在我长大了，不用我爸陪了。他做他的生意去吧，爱赚多少钱就赚多少钱。”孙磊说着，眼圈里闪过泪光。

“看起来，你是觉得家里缺少你需要的爱和关注，可你是希望得到爱的满足的，于是，你到别处去寻找，并锁定了你的女同学。”我说。

让孩子尽可能将自己的心里话全盘托出，即使这其中有抱怨和不满。只有不设防的语言才是他内心深处的声音。

**过招儿 5：详情内幕**

孙磊说：“是啊，我就喜欢她一个。”

“刚才你说她漂亮、多才多艺，说详细点，也让我听听。”

“她的漂亮，是一种无法形容的美。记得放学路上，她在我前面走，有个同学叫她，她就那样轻轻地回头，我都看傻了，您能明白那种感觉吗？”

“啊……”我张大嘴，傻傻地盯着一处看。

“对对对，我当时就是这种感觉。”

“你是故意跟着她走的吧，就像你爸妈跟踪你一样。实话说是不是这样？”

“对对，我骗不了您。姜还是老的辣。”

“如果是这样，你也不难理解你爸妈的心情了，这都是因为爱。她还有什么让你着迷的地方？”

“跳舞啊。有一次表演，她‘啪’一下就劈叉下去了，那难度，真让人佩服。她那身材，没得比。还有她的笑容，我看到之后都陶醉得要死。她的手也特别好看，十指尖尖如葱根。”

“再说下去，你的口水要流出来了。爱美之心，人皆有之。这么漂亮的女孩谁不喜欢啊。如果我像你这么大，没准我还在你前面追她呢。”

在取得孙磊绝对信任的基础之上，我详细了解了他喜欢对方的具体原因，并且表达与他同样的心声。

**过招儿 6：被拒原因**

“您年轻的时候也是万人迷吧。您还用追别人，都是别人追您吧。”孙磊越来越放松，开起了我的玩笑。

“我是男的，我当然要追女生啦。与你一样，我也被拒绝过。我看你条件挺好，鼻子是鼻子、眼是眼的，她怎么能拒绝你呢？”

“她说和我交朋友没有安全感。”

“她这种安全感指的是什么？”

“也许是我不够魁梧，个子比较小。也许是我不像个爷们儿，太过文静。也许她是担心我只会念书，仅仅是个妈妈的乖宝宝，老师眼中的好学生。我想可能就是这些原因吧。”孙磊说。

“个子可以长，二十三还猛一蹿呢。有人长得早有人长得晚。你们班也有一米八以上的吧，那是长得早的。今天不代表未来啊。你说自己太过文静，我看你的评价很真实。文静的学生大多成绩好，你也是个典型。”

“现在成绩不行啦。文静也没用了。”

“你目前的成绩是因为在感情上受了打击，无心念书造成的。”

“唉！我整天就想这事。我总比和她在一起混的那些成绩差的人好吧。”

“是啊，看来喜欢和爱的标准不同，人各有所好。也许她就喜欢那些看上去豪放的人、膀大腰圆的人，比如这样的。”我站起身来，夸张地走了两步。

孙磊笑得前仰后合。

我与孙磊一起探讨女孩儿喜欢什么、不喜欢什么，解析对方不喜欢孙磊的原因。

**过招儿 7：分享经验**

“刚才你说我年轻时就是万人迷，你还真错了。你看到的是我今天的样子。以前，唉！我和你一样啊。我们可是难兄难弟，不对，应该是难伯难侄。”我说。

“不会吧，您也被拒绝过？”听了我的话，孙磊表现出强烈的兴趣。

“想当年我读大学时，特别喜欢一名女同学。后来我终于忍不住向她表白了，可当时就被嘲笑了一番。谁不喜欢漂亮的女孩子啊。现在到这年龄我知道了，喜欢和爱是两回事。后来分析起来，我意识到我与她不是一路人，在性格方面有很大的差距，如果真走到一起，也不一定有幸福。我还总结出一句肺腑之言，与其追别人，不如让别人追咱。”

“您说说怎么让别人追咱。”孙磊来了兴趣。

“从被那位女同学拒绝之后，我就发誓，一定要活出个样来。今天我追她被她拒绝，将来有一天看谁追谁。我就苦练功夫，让自己健康成长，你看现在喜欢我的人多了吧。”

“我妈、我小姨、我姑姑们都特别喜欢您，还有我姥姥、我奶奶。您太伟大了。我向您学习。”孙磊兴奋极了，他喜形于色，完全看不出曾受到情感的困扰。

“我相信你明白我所讲的一切。你是个聪明的孩子。”我将答案交给孙磊自己去总结。

“对，我明白，只有自己强大，才是硬道理。”

我与孙磊交流和分享经验，是为了让他从中体会到做人的道理，而不是一味地说教和灌输。

从此，这个 15 岁的男孩和我这位大叔成了忘年交信友（短信）。我也与他的家长交流，告诉他们孩子渴望得到父亲的关怀，并建议他母亲做适度调整。

转眼间，奇迹发生了。孙磊家长高兴地告诉我，和我谈话后，孙磊疯狂读书，很少上网，将主要精力集中在学习上，老师也为他的变化感到高兴。孙磊有了自己的目标和方向，他每一天都在努力，为走向成功做着准备。

而那位女同学，看到孙磊对她冷淡的态度，心理也起了变化，她原本认为所有男生都应该围绕着她。为了满足自己“一个都不能少”的需求，她主动联系孙磊看电影，而孙磊毅然拒绝了她的邀请，告诉她“再过二十年，我们再相会”。

## 回顾与展望

在写作过程中，许许多多过去的事件不停地在我的大脑中浮现，就像一部老电影，尽管有些许的模糊，但事件依旧清晰，如同刚刚发生过一样。

看看身边的女儿，已经出落成大姑娘了；看看自己的脸上，也有了许多皱纹。岁月是一把无情的刀，但它的流逝却帮我们沉积了人生智慧。

每读到一段记录过去的文字，依依都感叹地说："老爸，这是我吗？我过去怎么那么傻？"

我说："这就是成长。我们用今天以为的正确否定昨天的正确，然后，还会以明天的正确，否定今天的正确，这就是进步的过程。我回头看自己的过去，也会发现本还有更多更好的方式和方法，但在当时，那已经是我能做到的最好了。"

有许多事情，依依不记得了，她不确定我所描写的是否真是她的故事。幸好我有随时记录的习惯，并有夫人和岳母为证。我只要把故事的开头说完，她们就能把整个事件的大致内容告诉依依。此举令依依对自己就是这样一步一步走过来的深信不疑。

读完全文，女儿坚持认为没有什么故事可读，没有令人惊叹的事件。可是，哪个家庭又愿意经历那样惊心动魄的事情呢?

一位现年 65 岁的美国父亲关爱培育残疾儿子，他把至今不能讲话与走路的残疾儿子瑞克，培养成一位优秀的大学毕业生。他一共 85 次推着轮椅上的瑞克参加了 26.2 英里[①] 长的马拉松跑。他还带儿子环游整个美国，滑雪、爬山、骑车、演讲，其中有一次行程总计 3735 英里。

某女，15 岁时不堪忍受家长的严厉管教，与 18 岁男友外出过了 5 年流浪生活，两人相依为命。女孩父母几乎找遍全国，采取多种方式寻找女儿回家。

某女，直到 20 岁在家被父母过度保护，从未离开他们身边。父母为其找到一份在刚刚竣工离家很近的新楼开电梯的工作，第一天上班，女孩与装修的小伙子相识，几天后二人私奔，父母求助电视台寻找女儿下落，渴望女儿回家过年。

某女，15 岁，在厕所产下婴儿后丢弃。

一位母亲，上万次教孩子学叫“妈妈”，只因儿子先天患有疾病，无法说话……

我们渴望家庭成员是健康的、幸福的，在宁静之中感受温暖和快乐。我将继续坚持自己培养孩子的目标：把孩子培养成心理健康的普通人。

祝愿女儿在此后一年多的时间里，顺利完成高中学业，正常进入大学学习，读自己喜欢的专业，将来从事自己满意的工作，拥有一个温暖而甜蜜的家庭。

---

① 1 英里 =1.609344 千米。

# 感　谢

我与很多朋友一样，过着普通的生活，辛勤而努力地工作以提高家庭收入和改善生活状况。

我通过读书改变了命运，由河北正定中学考入北京师范大学读书，1990 年落户北京，成为一名实实在在的凤凰男。

同意与我裸婚并得到父母和亲戚祝福的就是我今天的夫人——一名北京城里的孔雀女——程漫雪女士，她及她的家人不嫌弃我是个穷光蛋，人也长得不怎么样。当她做出与我结婚的决定时，我也毅然暗下决心：既然我能从农村通过读书来到北京，就能在北京城打拼出一片属于自己的天空，将来让她过上幸福的好生活。感谢我的夫人，感谢她从鲜花盛开的花季年华陪伴我走到现在，正因为她在身边，我才得以加速自己的都市化进程。

感谢我的女儿马泽，她不仅是我教育的实验田，还是我的一面镜子，从她身上我可以看到自己的影子，并知道如何去修正自己。她是我的私人教练，为我设定许多未曾经历过的情景，监督并挑战我的耐心和毅力，令我变得更温润和宽容。她更是我最好的老师，连续给我布置家庭作业，若我在某一环节不达标，后续将需付出更多努力查补漏缺。她点亮了我的智慧人生。

感谢我的岳母和我永远怀念的岳父。在我最艰难的日子里，他们接纳了我。我们在同一屋檐下相处 12 年，尽管当时我也是个有个性、棱角鲜明的年轻人，但他们对我的照顾、呵护和包容，给了我宽松的生活环境，令我难以忘怀。

感谢我的九旬老父亲和过世的老母亲，我从他们二人身上习得了夫妻相处之道以及对待子女温和而充满爱的态度。我的今天就是父亲生活的再版，父亲当年对待爷爷的态度，我记忆犹新；我今天正以父亲为榜样来对待自己的父亲。

感谢银汉传媒的朋友们，感谢美貌与智慧集于一身的主持人王芳女士等优秀的媒体工作者，在他们的点拨下，我对媒体有了新的认识。媒体给我提供了更多的案例，使我在帮助别人的同时也能反省自己。媒体也使我得以将自己所学所知的心理健康知识做了更广泛的推广。

感谢社会学家司马南先生、刘卫兵先生；著名律师陈旭先生、吕凤刚先生；心理专家王建一女士、柏燕谊女士、雷明先生、施刚先生、胡邓先生；导演王为念先生，等等，与他们的合作，令我开阔视野，每一次合作于我都是一次学习的机会、一次成长的机遇。

感谢卡酷卫视《宝贝星计划》和央视少儿频道《宝贝一家亲》栏目组的全体工作人员，特别感谢制片人韩佳女士以及众多编导，她们为我提供了较多与孩子及家庭接触的机会。与其说在节目中是我对这些家庭进行指导，不如说正是这些家庭提出的问题促使我不断地努力学习和进步。

感谢我的合作伙伴北京华旭阳光心理咨询中心主任华旭女士，每次与她分享和研讨案例，都能使我的咨询水平得到提高。

感谢我的同学和好友韩全胜先生、邓玉恒博士等，他们待人的风格对我有深远影响，感谢他们多年来对我的支持和鼓励。

特别感谢我多年的好友心理学博士李亦菲先生，他十余年在北京师范大学从事教学研究工作，每次与他会晤都令我如沐春风。他在百忙之中挤出宝贵时间仔细审阅书稿，并为此书作序。

感谢我的师弟教育学博士夏仕武先生，他目前就职于中央民族大学教育学院，担任《家庭教育学》、《教育心理学》、《教育学》等课程的教学工作，他将最新的家庭教育理论与我分享，给我支持和力量。

感谢网上关注我的朋友们给我的无私无悔的支持，表面看来大家是我的“粉丝”，事实上每一次与大家的热情交流，都给了我力量。当我将自己与女儿联袂撰写此书的消息公布出来时，大家热情地支持我，即便留言只有简短的“期待中”几个字，也使我感到温暖和力量。这些朋友是我的动力源。谢谢你们！

感谢本书的编辑陈伟女士对我的信任。她的真诚约稿，将我从暂时的懈怠之中激活。经过与她再三的协商和讨论，我们最终确定了本书的方向和内容，并使之得以顺利出版。

马　健

2011 年秋于北京